华盛顿篇
Washington

没有我
不知道的美国

THERE'S
NOTHING
I DON'T KNOW
ABOUT
THE USA

丛书主编 / 江涛 陈超　　本书主编 / 江涛 王丽丽 肖敏

石油工业出版社

Such events should be held regularly as they go a long way in fostering friendly ties between children of different nationalities as they get to know each other better through such interactions.

——巴基斯坦驻华大使馆大使 H.E. Masood Khalid

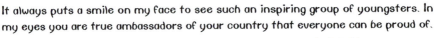

It always puts a smile on my face to see such an inspiring group of youngsters. In my eyes you are true ambassadors of your country that everyone can be proud of.

——荷兰王国驻华大使馆大使 Aart Jacobi

In today's modern world changes are rapid and there is a constant need for adjustment from all of us. Education and willingness to learn are more and more important, so I strongly support your activities to broaden your knowledge about the world, foreign languages and foreign countries.

——斯洛文尼亚共和国驻华大使馆特命全权大使 Marija Adanja

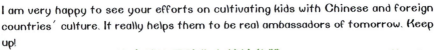

I am very happy to see your efforts on cultivating kids with Chinese and foreign countries' culture. It really helps them to be real ambassadors of tomorrow. Keep up!

——埃塞俄比亚驻华大使馆参赞 Teshome Shunde Hamito

It is a great pleasure to communicate with Chinese kids. To us it is very important to start education about Poland from early age. This way, we hope our two countries will have better and better relations, will understand each other better and will strengthen cooperation in the future.

——波兰驻华大使馆文化处高级专员 Ewa Szkudelska

"The reef of today are the islands of tomorrow." I wish you all the best in your future endeavors.

——汤加王国驻华大使馆大使 Mr. Siamelie Latu

It was very interesting to be in the company of twenty Chinese children, to learn from them and to share with them the history of Ghana and other cultural experience. I must say these children have great future and I hope their teachers will take care of them. My best wishes to you all.

——加纳驻华大使馆公使 Isaac Odame

I would like to express my deep impression by those young students during their visit to our Embassy. It gave me the opportunity to share with them about their ambitious dreams. I hope one day to see them in my country — Bahrain.

——巴林王国驻华大使馆二等秘书 Hashem Kadhem

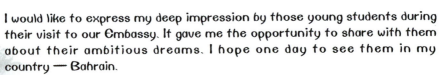

Cultural exchanges are an integral part of the relations between Finland and China that have reached their 65th anniversary in 2015. Especially the exchanges of children and youth is important as they lay foundation for the future.

——芬兰驻华大使馆新闻文化官员 Mikko Puustinen

It has been our great pleasure to have the Young Ambassadors as our guests at the Embassy during the past years. The enthusiasm and the interest for Norwegian culture the Young Ambassadors have shown have been very motivating and inspiring for me and the staff at the Embassy. We look forward to continue our cooperation on cultural exchange with the Young Ambassadors in the years to come and hope to see you again!

——挪威王国驻华大使馆文化参赞 Inger Marie Rossing

Thank you very much to come today. I wish you will continue doing great things. And more and more Best wishes.

——西班牙文化中心·文化官员 Guillermo

In the name of the Ambassador and all the diplomats of Djibouti Embassy, we are very pleased to have received the students and hope to see all the students next year!

——吉布提驻华大使馆外交官员 Omar

I am very please to have welcomed all of you at the Embassy of Indonesia. I wish that you all will visit Indonesia and tell your other friends about my beautiful country. I wish you all the best.

——印度尼西亚驻华大使馆社会文化参赞 Santo

The Afghan Embassy wish you a great and promising future!

——阿富汗驻华大使馆官员 Dr. Sharif Pope

On behalf of the Colombian Embassy, we would like to say congratulations to the Young Cultural Ambassador Organization to promote the cultural exchange with the countries, especially Colombian Culture.

——哥伦比亚驻华大使馆一等秘书 Primer Secretario

The United States has many beautiful places to see, and I'm very happy that the Young Cultural Ambassadors are getting the chance to visit these places and learn more about America's history and culture. I hope that you stay curious and keep traveling to new places all throughout your lives. Good luck with your adventures in America and around the world!

——美国驻华大使馆领事处副领事 Nelson Wen

PREFACE 序

疯玩

　　记忆中学生时代的出游，比较深的一次是读小学的时候，学校组织去岳阳。那一次真叫得上是疯玩，来去都是利用晚上的时间乘船，同学们在船上打升级、聊大天、嗑瓜子。小伙伴们在一起就是开心，不论做什么，忘了白天黑夜，忘了走路爬山，忘了沿途风景，忘了文化历史，当然，之所以记忆深刻，还因为回程的时候，有一个同学可能是太兴奋了，不小心抑或是小心，总之，把船上的抛锚系统给启动了，结果一艘船半夜都还没回来。

　　此后的中小学，甚至大学生涯，还有若干次这种和同学同游的经历，大同小异。打牌、吃饭、打牌、吃饭、打牌、睡觉、打牌，在很长的时间里，我以为出游本该如此，这种野蛮疯玩就应该叫做成长的本色。

傻游

　　印象中，中小学期间还有一种出游方式，就是随同父母旅游。记忆深刻的一次，是去南京、杭州、上海傻游了一圈。报的是个便宜的旅行社，住的是廉价旅馆，晚上要全家起来一起打蚊子。至今对着照片我也想不起来都去过哪儿了。只记得每天都是一大群人，每天很赶，要去很多地方，可是除了照相没有任何我喜欢的活动。当然，这次记忆深刻，还因为有一次迟到了，载我们来的大巴都开动了，父亲不顾危险使劲拍门，我们3人才得以上车，还被导游罚全家鞠躬道歉。

　　此后的中小学，这种傻游，也还有几次。其共性是一天，一大群人，傻坐一天车，傻赶一天路，恨不得屁股坐烂腿走断，傻照一天相，不知道来的是哪儿，为什么要来，反正一天之内去过的景点越多就好像越满足。

　　这种体验使得我后来一直拒绝和家人出游，对于幼小的我来说，除了能吃冰激凌，剩下的就只有"坐牢"的感觉。

疯玩和傻游

　　"疯玩"和"傻游"有的时候是可以结合起来的。前两年，我表侄参加了一个以北京知名大学"励志"为主题的夏令营。最后

一日结营，我爸爸去接他来家玩两天。第二天，爸爸就吐槽说，现在孩子参加夏令营太辛苦了。表侄在营地的最后一天，是这么度过的：早上3点半起床，洗漱后乘车2个小时（住在河北三河，接壤北京东郊）到天安门看升旗；然后到公安大学食堂吃早餐；然后乘车45分钟被叫醒去动物园；中午在北京建筑大学食堂吃午餐；然后乘车1个小时被叫醒去颐和园；然后乘车45分钟被叫醒去空军指挥学院食堂吃晚餐；然后乘车45分钟去林业大学被叫醒开结营仪式。到晚上9点父亲才把孩子接上，45分钟车程后到家，这次没叫醒他，把他搬到床上，一觉睡到了第二天下午4点。问他夏令营都去哪了，看到了什么、玩了什么、学到了什么，一概记不大清楚了。但是问好不好玩？答，好玩！下次还参不参加？参加！看，"疯玩"和"傻游"的奇妙组合！

那次表侄的体验对我触动很大，后来跟我堂姐说起来，她很不以为然，说，他们去了好多地方啊！有照片为证啊！我无语了，小朋友和同龄人在一起，当然好玩，玩泥巴也能玩一天，高高兴兴的。然而，仅此而已，至于说到在各大大学食堂的"励志"，说到对京都文化和历史的探寻，我想都是家长们拿着宣传单，念着机构承诺的各种能力提高，在对着孩子们在标志性建筑物前的集体照时的自我想象和心里暗示而已。

研学旅行

2010年我们决定设计一个能够区别于普通才艺和语言类比赛的青少年活动，目的在于通过活动和实践来提高中小学生的综合表达能力和实践动手能力，这个想法得到了中国教育学会领导和专家们的大力支持。这也是"中华文化小大使"活动的起源。至于说，价值体现、运作模式，开始的时候想得并不是很清楚。

2011年的夏天，我们组织了第一次"中华文化小大使"出访美国的活动。当时有36名从北京各区县遴选出来的孩子。在和美国的迪士尼通了36封邮件后，我们成为了第一批到美国迪士尼表演的北京小学生。当时演出的节目叫"美猴王求爱记"，是一个原创的音乐剧，套用现在流行的说法，那是一个从故事创意到叙述技巧，都不失为一个好莱坞电影级别的IP。

演出之余，我们自然是组织孩子们在梦寐以求的乐园里畅玩各种游乐设施。可是，大夏天的，往往一个游乐设施要孩子们等上一个多小时，傍晚回酒店时孩子们都很沮丧，还有很多很多游戏都没有时间玩，全浪费在排队上了。第二天要去环球影城，为了充分利用排队的时间，我们连夜为孩子们设计了一个英语调查活动，名为《美国人眼中的中国》。

活动的大致思路就是让孩子们在排队或是午餐的时候去采访同是

排队或是午餐的当地游客，了解他们心中的中国印象。我们把调查问题分为："您知道的中国城市有哪些？""您知道的中国食物有哪些？""您知道的中国名人都有谁？"等等。为了拔高难度以示区分，我们的最后一个问题是："如果让您选择一个颜色代表中国，您会选哪一种，为什么？"

傍晚回酒店的途中，孩子们就开始叽叽喳喳地比较战果了。一个三年级孩子汇报说，"老师，我的第四个美国朋友说他选红色代表中国。"我漫不经心地问，"好啊，为什么呢？""他说是国旗！中国的国旗是红色的。""有点道理。"我应和了一句，心里却想，大众答案，没什么新意。"他说，最开始他也不知道中国的国旗是红色的，可是在上次奥运会上，好多次中国拿奖牌的时候，都升中国的国旗，慢慢地，他就认为中国的颜色就是红色了。老师，我觉得作为一个中国人，我当时特别高兴，特别自豪！"

......

五年后的今天，当我描述这一段失语的片段时，依然心潮澎湃。谁说孩子只喜欢疯玩？谁说孩子去趟美国，就只会崇洋媚外？谁说中小学生的爱国主义教育工作不好搞？失语中，我仿佛发现一扇大门正缓缓地向我们敞开……

"老师，美国国旗上的星星，随着州的数量的增加，也在增加，好注重领土扩张啊！""是啊，那你们觉得我们应该学习到什么呢？""老师，写封信建议习大大把钓鱼岛画到国旗上。"

"老师，英国人排队，人和人隔得好远啊""还有呢？""他们好安静啊！""还有呢？""他们怎么这么悠闲呢？时间不是金钱吗？"

"老师，看，前面的人红灯过马路！""是中国人吗？""不是！是白人。您看，又有俩，要不要我去提醒他们？"

......

后来的五年。感动我的实践成果实在是太多。

2016年，教育部基础教育一司印发的《2016年工作要点》中提出"要加强研学旅行工作"。让我眼前一亮，五年来一直在摸着石头前进的一项工作，被教育部定义了。原来，这个叫"研学旅行"！官方的解释为：由学校根据区域特色、学生年龄特点和各学科教学内容需要，组织学生通过集体旅行、集中食宿的方式走出校园，在与平常不同的生活中拓展视野、丰富知识，加深与自然和文化的亲近感，增加对集体生活方式和社会公共道德的体验，以培养学生的自理能力、创新精神和实践能力。

而我个人对"研学旅行"的理解则更为通俗："读万卷书，行万里路！"旅行是过程，研学是目的，过程必须有趣，而目的必须明确。

略有小成的集结

五年来，无论是"小大使"走进使馆，还是"小大使"出访国外，我们都按照"知识与技能""过程与方法""情感态度与价值观"三个维度来精心地设计每一次活动，因而日积月累，攒下了不少被验证过的活动素材，无论是知识性的，还是游戏性的。

我也一直想把这些经验性的东西集结出版，但一直困于具体繁务，也经常用"酒还是陈年的更香"之类的理由拖延启动的时间。直到 2015 年 9 月，我们接受英国文化委员会和英国英语协会的邀请深入调研了英国的很多学校，让我有机会了解了英国的一些活动课程的设计和实施，才促使我下定决心于回国后立即启动开发这套丛书的工程。

目前展示在读者朋友面前的《没有我不知道的美国》系列丛书，是一套专门为中小学生量身打造的环球旅行书中的美国卷。它既是一套可以开阔眼界、学习知识的环球历史、文化知识读本，也是一套环球活动实践手册。

趣味十足，引人入胜。图文并茂，形象生动。
学导为主，讲练结合。篇篇原创，兼顾双语。

以上是我在启动这套丛书时的期望。目前看来，虽然由于时间原因可能局部篇章文字还不够优美，展开的章节也未必符合所有人的口味，但这套丛书基本符合在选题之初设定的各项标准，实为一套良心之作！

还值得一提的是，本套书的前两本洛杉矶篇和旧金山篇，已于 2016 年 1 月在北京第二实验小学参加教育部"千校携手"访美活动中试用，反响良好。

因此，我郑重地向每一位对世界感到好奇、想要未来胸怀世界的中小学生和广大天下望子成龙、望女成凤的家长推荐这套丛书。

是为序。

2016 年 7 月

DIRECTIONS 使用说明

　　《没有我不知道的美国》系列丛书包含四个分册：《没有我不知道的美国　华盛顿篇》《没有我不知道的美国　旧金山篇》《没有我不知道的美国　洛杉矶篇》和《没有我不知道的美国　纽约篇》。

　　本书为《没有我不知道的美国　华盛顿篇》，下面将以图示的形式为各位读者一一讲解本书的独特之处和实用意义：

　　第一、章节设定，精心合理。五年来，我们带着大量学生团体经过多次实地考察和运用，筛选出华盛顿最知名、最受欢迎且最能让人们了解美国文化、历史的9大活动场所。每个场所自成1章，全书共9章，政治、科技、文化、艺术等领域各有代表。认真学完这9章，相信每位读者都会对华盛顿以及美国的历史有更深刻的了解。

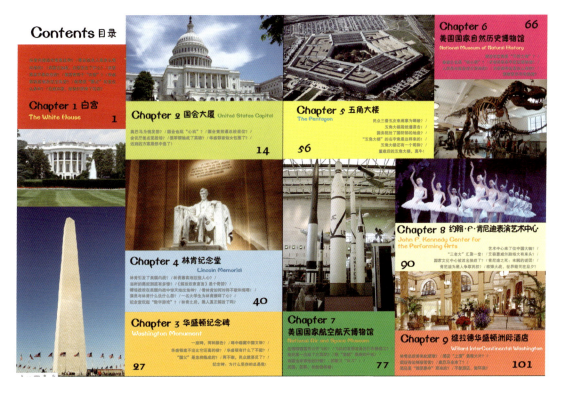

　　第二、学导为主，兼顾双语。每章都有6~10页是以讲故事的方式介绍与本章主题相关的文化知识和历史事件，诱发读者阅读的兴趣和对知识的渴望。再配以相关的英文句子和名词解释，培养读者双语阅读的习惯并扩充知识储备。

引人入胜的标题，让读者对下面的故事充满期待。

深挖每个专题背后的历史文化。用最简短直观的故事唤起读者的阅读欲望；用最严谨优美的文字培养读者良好的语言表达习惯。

地道纯正的英文句子，培养读者双语阅读习惯。同时，读者还可以借助本页的中文故事和底下的单词注释进行句子翻译练习，充分利用学习资源。

第三、图文并茂，形象生动。 从开篇综述到练习结尾，每一页都配有高清美图，不仅帮助读者消除视觉疲劳，而且还能让读者更直观地了解文字所表达的涵义。

第四、原创练习，贴切有趣。每个章节最后都设置了3页左右的原创练习，包括图文搭配题、找词填词游戏、九宫格排序、数字字母表解密、侦探寻宝任务、童话角色扮演等等。这些练习不仅趣味十足，而且贴合孩子的认知和喜好，能激发孩子做题的兴趣。

本书还包含了10%的实践题（3~4题），前面以一个"博士帽"的图标来标示。此类题主要包含实地场景演绎题和采访题，是为了到实地游学的读者而特地设置的，以增强本书的实用功能。同时不去实地旅游的读者也可以根据前面的文字或上网查阅资料或跟父母、老师、同学共同合作来完成，以锻炼自己解决问题的能力和沟通交流的能力。

第五、练习设计，注重能力。通过对新课程"三维目标"的深度剖析，我们从中总结了其所涉及的6大能力培养方向（见下页"6大能力培养方向一览表"），又据此设计了练习（见目录前页的"6大能力体现一览表"）。希望各位小读者能根据下面的能力表和自身的条件，有针对性地选取练习题来做，当然能全部做完更好哦；同时，我们也建议父母能参与到孩子的学习过程中来，体验亲子学习的乐趣。

6大能力培养方向一览表

三维目标	立足点	详细解释	对应能力培养
知识与技能	让学生"学会"	即学会知识和技能，知识包括学科知识、意会知识（生活和社会经验中获取的知识）和信息知识（通过多种信息渠道而获得的知识）；技能包括获取、收集、处理、运用信息和知识的能力、创新精神和实践能力、终身学习的愿望和能力。	知识运用能力创新实践能力
过程与方法	让学生"会学"	也就是注重学习的过程和方式，过程指应答性学习环境和交往、体验。方法包括基本的学习方法（自主学习、探究学习、合作学习）和具体的学习方法（发现式学习、小组式学习、交往式学习）。	动手动脑能力团队协作能力沟通交流能力
情感、态度与价值观	让学生"乐学"	即通过声情并茂、积极互动、以身作则的情感和道德教学培养学生的学习兴趣、学习责任、乐观的生活态度、求实的科学态度以及宽容的人生态度，并使学生内心确立起对真善美的价值追求。	沟通交流能力情感表达能力

最后，我们也真诚地期待读者朋友们能对其中的不足给予批评和指正，以让我们能为大家献上更完美、更实用的知识读本和研学旅行实践教材！

编者
2016 年 7 月

6大能力体现一览表

9大章节	知识运用能力	创新实践能力	动手动脑能力	团队协作能力	沟通交流能力	情感表达能力
Chapter 1 白宫	总统头像与成就配对		白宫外表添色题；内部结构地图题；根据数字构游戏给照片排序			
Chapter 2 国会大厦	有关壁画的单选题	寻找并填写油画信息表格	流程图表格题；参众两院计算题		有关国会大厦基本信息的采访题	
Chapter 3 华盛顿纪念碑	有关纪念碑的单选题	识别美元和人民币	小福尔摩斯数字解密及用解答的单词填空		关于乾隆与华盛顿的信息调研并填写表格	
Chapter 4 林肯纪念堂	将国旗与对应的历史事件进行配对		数一数、找词填词游戏	根据文字说明，帮助博物馆保管员正确摆放画作		我是演说家
Chapter 5 五角大楼	武器文字配对；对比美中舰机完成表格	根据比例画出五角大楼草图	想一想；	和小伙伴们一起解密寻宝		
Chapter 6 美国国家自然历史博物馆	针对展品信息的改错题	寻找并填写展品信息				
Chapter 7 美国国家航空航天博物馆	航空与航天单选题；人物与论述配对			和小伙伴/父母一起找寻并识别飞行器	关于航空航天知识的问答调查题	观影回答问题，并跟父母交流你对电影中知识的理解
Chapter 8 肯尼迪表演艺术中心			找词填词游戏	根据信息和图片判断所处位置；和小伙伴们一起演绎台词并拍照		
Chapter 9 维拉德华盛顿洲际酒店		根据常识，将这些进行分类			调研，帮助工作人员补全表格中的人物信息	

Contents 目录

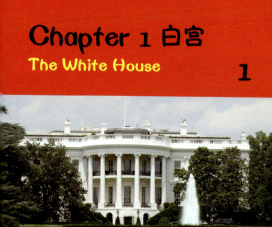

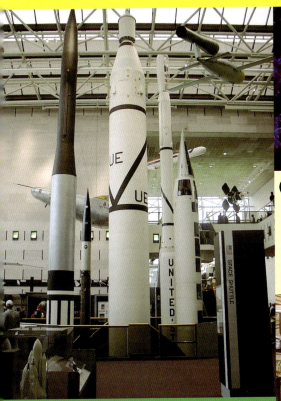

华盛顿哥伦比亚特区
Washington D.C.

　　美国首都华盛顿，全称"华盛顿哥伦比亚特区"（Washington D.C.），是为纪念美国开国元勋乔治·华盛顿（George Washington）和发现美洲新大陆的哥伦布而命名的。华盛顿在行政上由联邦政府直辖，不属于任何一个州。

　　华盛顿原是一片灌木丛生之地，只有一些村舍散落其间。1789 年，美国联邦政府正式成立，乔治·华盛顿当选为首任总统，选定南北方的天然分界线——波托马克河（Potomac River）畔长宽各为 16 公里的地区作为首都地址。但新都尚未建成，华盛顿就于 1799 年去世了。为了纪念他，这座新都在翌年建成时便被命名为华盛顿。

　　作为美国的政治、文化和艺术中心，华盛顿有着非常著名的历史建筑和迷人的自然景观，吸引着每一位来到此地的游客。

Chapter 1

白宫
The White House

　　白宫位于华盛顿哥伦比亚特区西北宾夕法尼亚大道 1600 号，北接拉斐特广场，南邻爱丽普斯公园，四周风景怡人。白宫是美国历届总统的官邸和主要办公地，这使得它总是充满了神秘感。从开始建造起，这座建筑曾多次遭受火灾、战乱。白宫的兴衰史几乎就是美国历史的生动缩影。200 多年以来，白宫被赋予的意义不仅仅是美国总统一家的住所；在全世界，它被认为是总统、总统内阁及美国的象征，更是美国政府的代名词。

白宫内部
运作竟是这样?

　　白宫有 132 间房、35 个厕所、412 扇门、147 扇窗、28 个暖炉、8 道楼梯、3 台电梯。这么庞大的规模,自然需要不少人来打理、运作。虽然进入白宫工作需要有强大的后门,但所谓"一入宫门深似海",在白宫工作也绝非易事。所有白宫工作人员都必须保持随时出动都 OK 的心情,而且要随叫随到,不分时间场合,有时甚至不得不很难为情地向赤身裸体正在沐浴的总统传达紧急消息。

The White House includes[1] 132 rooms, 147 windows, 28 fireplaces[2], and 3 elevators[3].

1. include /ɪnˈkluːd/ *vt.* 包含　　　2. fireplace /ˈfaɪəpleɪs/ *n.* 壁炉
3. elevator /ˈelɪveɪtə(r)/ *n.* 电梯

看总统夫人是怎么骂白宫的！

1800年5月15日，第二任总统约翰·亚当斯下令各部从临时首都费城迁往新首都华盛顿，他因此成为第一位入住白宫的总统。但初建成的白宫除了可以住人，连栅栏、院落、暖气等基本设施都没有，总统夫人晾个衣服还得自己在大厅里拉起一根晾衣绳。难怪总统夫人抱怨说当时的白宫就是一座"光秃秃的、巨大而丑陋的建筑"。

John Adams[1] was the first president to take residence in[2] the White House.

1. John Adams 约翰·亚当斯　　　　　　　　2. take residence in 住进

风雨交加夜，白宫发生了什么？

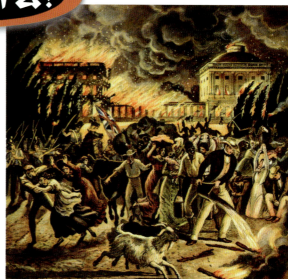

　　1812年，在第四任总统詹姆斯·麦迪逊当政期间爆发了英美战争。1814年8月英军攻下华盛顿，并放火烧白宫，但天公怜惜，大火烧得正烈之时，忽来一场暴雨将大火浇灭。房子是保住了，却被烧得面目全非，十分难看。随后，在白宫原设计师霍本的主持下，白宫才修复完成。

In 1814, the mansion[1] was set ablaze[2] during the war by the British Army in the Burning of Washington[3].

1. mansion /ˈmænʃn/ n. 宅邸　　　　　　　　　　　　2. set ablaze 点燃

3. Burning of Washington 英军焚烧美国首都华盛顿行动

白宫原本不是白色的？

白宫初建成时并不是白色的，而是一栋灰色的沙石建筑。英美战争之后，麦迪逊总统请来当年的设计者詹姆斯·霍本重修白宫。1817年门罗总统入住白宫，他决定再次重修总统府。为掩盖被大火烧过的痕迹，门罗总统下令用白色油漆将外墙粉饰一新，使它成为了一座真正的"白色宫殿"。

THE GOVERNMENT HOUSE.

During the rebuilding[1] of the structure after the Burning of Washington, white paint was applied[2] to mask[3] the burn damage[4] it had suffered[5].

1. rebuilding /'riː,bɪldɪŋ/ *n.* 重建   2. apply /ə'plaɪ/ *vt.* 涂   3. mask /maːsk/ *vt.* 掩饰
4. damage /'dæmɪdʒ/ *n.* 损毁   5. suffer /'sʌfə(r)/ *vt.* 遭受

竟然有两个"白宫"？

　　1901 年以前，白宫有各种各样的称呼，有的人称它为"总统官邸"，有的人管它叫"总统府"，而在官方文件中，白宫则一直被写作"行政府邸"。1901 年，第 26 任总统西奥多·罗斯福正式用"WHITE HOUSE（白宫）"来命名这座建筑，白宫名称才最终得以确定。如今"白宫"这个词也常用来指代美国政府。所以，当我们听到"白宫"一词时，就要分清楚它到底说的建筑本身，还是美国政府了。

The term[1] White House is often used as a metonym[2] for the Executive[3] Office of the President of the United States in general[4].

1. term /tɜ:m/ *n.* 术语、名词
2. metonym /'mɛtənɪm/ *n.* 换喻词
3. executive /ɪg'zɛkjʊtɪv/ *adj.* 行政的
4. in general 通常，一般而言

华盛顿到底有没住过白宫？

　　白宫是美国第一任总统乔治·华盛顿于 1792 年主持动工修建的，以作为总统官邸和主要办公地。但遗憾的是，直到 1797 年华盛顿主动卸任（任期 1789-1797），白宫都还没有建好，于是华盛顿就成为美国历史上唯一一位没有入住过白宫的总统。

The White House, built between 1792 and 1800, is the official[1] residence[2] and principal[3] workplace[4] of the President of the United States.

---

1. official /əˈfɪʃl/ adj. 官方的
2. residence /ˈrezɪdəns/ n. 住宅，住处
3. principal /ˈprɪnsəp(ə)l/ adj. 主要的
4. workplace /ˈwɜːkpleɪs/ n. 工作场所

他竟然"霸占"白宫这么多年？

美国总统每一届任期为4年，最多任2届。但美国第32任总统富兰克林·罗斯福第二次当选总统期间第二次世界大战爆发。为保证美国对外政策一致性，美国人民不赞成中途更换领导人，因此罗斯福打破传统，第三次当选为美国总统。他于是成为美国历史上唯一连任超过两届（连任四届，病逝于第四届任期中）的总统，是美国迄今为止任期最长的总统。

Franklin D. Roosevelt[1] is the longest serving[2] president in U.S. history and therefore[3] the president who kept living in the White House for the longest time.

1. Franklin D. Roosevelt 富兰克林·罗斯福（美国第32任总统）
2. serving /'sɜːvɪŋ/ adj. 任职的
3. therefore /'ðeəfɔː(r)/ adv. 因此

8

截至 2015 年，美国共有 44 任总统，有些总统任期还没有满就因为意外去世或者某些原因而不得不离开白宫，比如第 16 任总统亚伯拉罕·林肯在剧院看戏时被枪杀；第 20 任总统詹姆斯·加菲尔德就职仅四个月就遇刺身亡；第 25 任总统麦金莱在音乐会上跟人握手被刺杀；第 35 任总统约翰·肯尼迪坐车游街时被枪杀；第 37 任总统尼克松在任期间被迫退位……看来，总统也不是那么好当的！

住进白宫，给他们带来了厄运？

As of 2015, there are 44 presidencies, and Barack Obama[1] is the 44th president in the White House.

1. Barack Obama 巴拉克·奥巴马（美国第 44 任总统）

外部颜色
External Color

白宫最近推出了一项"白宫由我来装扮"的活动，要求将白宫涂上其他不一样的颜色。发挥你的想象力，拿起画笔，为白宫涂上你心目中与众不同的色彩吧！

内部结构
Internal Structure

（答案见第 111 页）

假如你是总统的小助理，总统让你去林肯卧室拿有关邀请中华文化小大使到白宫演出的文件。由于你刚上任，不太熟悉白宫的地形，于是向正在厨房安排晚宴菜品的白宫大管家求助。

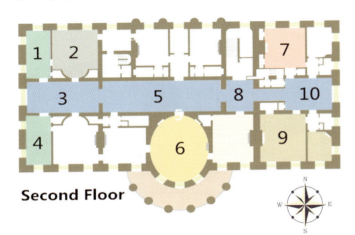

Second Floor

1. 厨房（Kitchen）
2. 总统餐厅（President's Dining Room）
3. 西起居室（West Sitting Hall）
4. 更衣室（Dressing Room）
5. 中心大厅（Centre Hall）
6. 黄色椭圆形厅（Yellow Oval Room）
7. 皇后卧室（Queen's Bedroom）
8. 楼梯平台（Stair Landing）
9. 林肯卧室（Lincoln Bedroom）
10. 东起居室（East Sitting Hall）

Questions（问题）：

1. 文件所处房间序号为：_____
2. 文件所处房间英文名称为：_____
3. 找文件经过的第一个房间序号为：_____

管家，打扰您一下！您能告诉我林肯卧室怎么走吗？我要去给总统拿一份文件。

哦，当然可以。出了厨房的门，对面就是西起居室。面向西起居室，向你的左手方向顺着走廊走，依次经过中心走廊、楼梯平台，到达东起居室。

然后呢？

穿过东起居室，从其南边的门出来，你就可以看到林肯卧室了。

发展历史
History

（答案见第 111 页）

老师让你给同学们讲解白宫的历史，并给了你四张有关白宫发展历史的图片及文字说明。但调皮的小伙伴把图片顺序弄乱了，只知道九宫格中有色方格内的数字就是对应图片的序号。完成九宫格，找到图片的正确顺序吧！

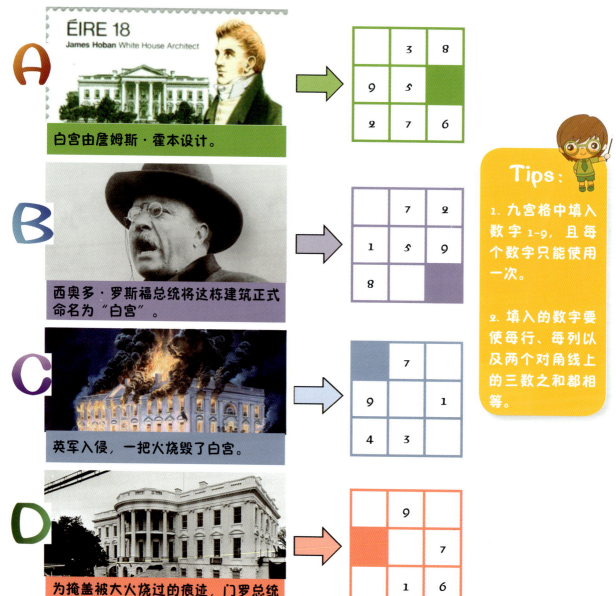

A 白宫由詹姆斯·霍本设计。

	3	8
9	5	
2	7	6

B 西奥多·罗斯福总统将这栋建筑正式命名为"白宫"。

	7	2
1	5	9
8		

C 英军入侵，一把火烧毁了白宫。

	7	
9		1
4	3	

D 为掩盖被大火烧过的痕迹，门罗总统下令将白宫漆成白色。

	9	
		7
	1	6

Tips：

1. 九宫格中填入数字 1-9，且每个数字只能使用一次。

2. 填入的数字要使每行、每列以及两个对角线上的三数之和都相等。

经过一番努力后你终于弄清楚，白宫历史发展的图片顺序是：1.___ 2.___ 3.___ 4.___

练习 总统
Presidents

（答案见第 111 页）

自第二任总统亚当斯开始，美国历届总统都居住过白宫。请将下列总统图片与其对应的成就连线。

托马斯·杰斐逊
Thomas Jefferson

1. 美国第 32 任总统、第二次世界大战中同盟国重要领导人之一。
2. 在美国经济大萧条期间推行新政、提供失业救济、成立机构改革经济和银行体系，实现了国内充分就业。

富兰克林·德拉诺·罗斯福
Franklin D. Roosevelt

1. 美国第 16 任总统，领导了美国内战，史称"南北战争"。
2. 废除奴隶制度，颁布了《解放奴隶宣言》。
3. 发表了著名的《葛底斯堡演说》。

亚伯拉罕·林肯
Abraham Lincoln

1. 美国第 3 任总统、《独立宣言》(THE DECLARATION OF INDEPENDENCE) 的起草者。
2. 与法国谈判购买新奥尔良和西佛罗里达，使美国领土扩大一倍。
3. 亲自筹划、建成弗吉尼亚大学，并担任该校首任校长。

国会大厦
United States Capital

　　美国国会大厦是美国国会所在地，位于华盛顿 25 米高的国会山上，占据着全市最高的地势，是华盛顿最美丽、最壮观的建筑，同时也是美国的心脏建筑。美国国会大厦始建于 1793 年，作为美国的重要标志性建筑，国会大厦伴随着合众国历经了许多艰难曲折的道路。此外，美国参、众两院构成的国会就是在这里举行会议，行使国家立法权。国会大厦也是美国的权力中心，美国人把它看做是民有、民治和民享的最高象征。

奥巴马为钱发愁

　　美国国会，由参议院和众议院组成。参议院主要负责外交、国防等事务，众议院则主要负责财政、经济和民生事务，即内政事务。2014年11月20日，奥巴马总统宣布了一项移民改革方案，随后他向国会申请为该方案提供财政拨款，而国会却因为赞成票少于2/3而拒绝为总统的移民改革新政提供拨款。看来，即使身为总统也不能任性花钱呀！

Generally¹, both the Senate and the House of Representatives have equal legislative authority², although only the House may originate³ revenue⁴ and appropriation bills⁵.

1. generally /ˈdʒenrəli/ *adv.* 通常
2. legislative authority 立法权
3. originate /əˈrɪdʒɪneɪt/ *vt.* 发起
4. revenue /ˈrevənju:/ *n.* 税收
5. appropriation bills 拨款法案

国会也玩 "心机"？

　　参众两院议员的选举是有讲究的。众议院的议员是按每州人口比例选来的，人口多的大州选出的议员自然多些，小州就不服气了。而参议院则规定，每州不管人口多少，都派2名议员过来。这样便能平衡大州和小州的利益。而且这些议员来自不同的地方，代表不同的利益，在讨论立法的时候就可以相互制约，避免立法权被一部分人或者一个院单独滥用。

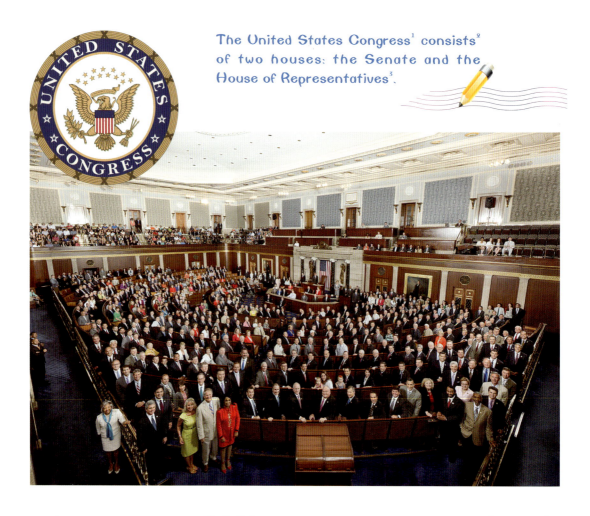

The United States Congress[1] consists[2] of two houses: the Senate and the House of Representatives[3].

---

1. The United States Congress 美国国会　　　　2. consist /kən'sɪst/ *vi.* 由……组成
3. the House of Representatives 众议院

国会竟然逼总统退位?

　　美国国会有弹劾政府官员的权力，官员若违法失职，国会有权揭发并追究其法律责任。1972年，尼克松总统的竞选组织雇佣5名员工潜入民主党总部偷拍文件和安装窃听器，结果被保卫人员发现。国会认定尼克松的行为触犯美国宪法，决定对他进行弹劾。当尼克松得知众议院和参议院都肯定会以超过2/3的票数通过弹劾决议时，他不得不宣布辞职。由此，尼克松成了美国历史上首位被迫辞职的总统。

The House has the power to impeach[1] officials[2], and impeached officials are subsequently[3] tried[4] in the Senate[5].

1. impeach /ɪmˈpiːtʃ/ vt. 弹劾　　　　2. official /əˈfɪʃl/ n. 官员
3. subsequently /ˈsʌbsɪkwəntli/ adv. 随后　　4. try /traɪ/ vt. 审判　　5. the Senate 参议院

会议厅差点变战场？

国会大厦北翼是参议院的会议厅，每当这里升起旗帜，就代表参议员们在此举行会议。会议上，参议员们经常就各种议案进行激烈的讨论。据说有一次，有关奴隶制问题的妥协法案在会议上被提出，在投票表决是否通过该法案时，支持该法案的参议员亨利·富特，竟然拔出手枪对准一个反对该法案的议员。后来，富特的行为被制止。但是因为支持的票数更多，法案最终还是通过了。

The Senate chamber[1] is located[2] in the north wing[3] of the Capital, Washington, D.C.

1. the Senate chamber 参议院会议室   2. locate /ləʊˈkeɪt/ vt. 位于
3. north wing 北翼，北侧

叛军领袖成了英雄?

　　国会大厦里陈列着每个州送来的英雄雕像。有趣的是，弗吉尼亚州呈送来的竟是南方"叛军"领袖罗伯特·李将军的雕像。李拥有出色的军事指挥才华。南北战争结束时，南军面临着是继续反抗还是投降的抉择。最终李选择了投降，而条件是不让他的部下成为俘虏，让他们回家再度成为美国公民。事后，所有参战的南方军人都如李将军希望的那样被释放了。正因如此，美国人并不把他看作失败者，而仍然看作是将军和英雄。

The Capital also houses the National Statuary Hall Collection[1], comprising[2] two statues donated[3] by each of the 50 states to honor persons notable[4] in their histories.

1. National Statuary Hall Collection　国家雕像大厅
2. comprise /kəm'praɪz/ vt. 包含
3. donate /dəʊ'neɪt/ vt. 捐赠
4. notable /'nəʊtəbl/ adj. 著名的

华盛顿被仙女包围了？

国会大厦圆形大厅的穹顶上是意大利画家布伦米迪及其学生所绘的大型画作——《华盛顿成圣》。画面上华盛顿身着象征王权的紫色衣服，脚踩拱形彩虹。他左侧是身着绿色衣服、使用号角的胜利女神，右边是戴着红色垂尖圆锥帽的自由女神，周围还有13位仙女，每位仙女的头上都有一颗星星，代表着美国最初的13个殖民地。

Brumidi was responsible[1] for the painting of "The Apotheosis of Washington[2]" beneath[3] the top of the dome.

1. responsible /rɪ'spɒnsəbl/ *adj.* 负责的
2. The Apotheosis of Washington 《华盛顿成圣》（油画）
3. beneath /bɪ'niːθ/ *prep.* 在……之下

20

迟到的方案居然中选了！

当初在筹建国会大厦时，国务卿杰弗逊向全国发布了征集设计方案的通告，宣布设计方案若被选中，就奖励设计者500美元。消息发布后，应征者非常多，但没有出色的作品。离征稿截止日期只剩6天时，征集委员会收到一位年轻人的来信，他要求宽限几天，委员会答应了他的请求。迟到的设计图一经展现，光彩夺目。它的作者就是威廉·索顿，一位多才多艺的医生、画家和业余建筑师。

In spring 1792, United States Secretary of State[1] Thomas Jefferson proposed[2] a design competition[3] to solicit[4] designs for the Capital.

1. United States Secretary of State 美国国务卿
2. propose /prə'pəuz/ vt. 提出
3. competition /ˌkɒmpə'tɪʃn/ n. 竞赛，比赛
4. solicit /sə'lɪsɪt/ vt. 征求，招揽

壁画
The Fresco

（答案见第 112 页）

《华盛顿成圣》(THE APOTHEOSIS OF WASHINGTON) 通过古典神话描绘了美国国父乔治·华盛顿成圣的过程。关于这幅壁画的细节和深意，你了解多少呢？快来试试吧！

1. 华盛顿身穿紫色衣服，因为此颜色象征着：

   A. 帅气　　　　　B. 王权　　　　　C. 睿智　　　　　D. 激情

2. 仔细观察可发现，画作中 13 位仙女的头上都有一颗白色的星星。请问这 13 颗星星代表的是什么？

   A. 华盛顿的 13 项丰功伟绩　　　　B. 13 位希腊女神

   C. 美国最初的 13 个殖民地　　　　D. 国会大厦成立 13 周年

油画
The Paintings

（答案见第 112 页）

圆形大厅的墙壁四周悬挂着记载美国历史上重大事件的油画，数一数这样的油画有几幅？你能从这些油画中找到下面几幅并帮助它们证明自己的身份吗？

画作 (Works)	名字 (Name)	艺术家 (Artist)	意义 (Significance)
A	中文名：《伯格因将军投降》 英文名：		美国独立战争的转折点
B	中文名： 英文名：Surrender of Lord Cornwallis	John Trumbull	标志着美国独立战争的胜利
C	中文名： 英文名：Declaration of Independence		为美国此后 200 多年的发展奠定了思想基础
D	中文名：《乔治·华盛顿将军辞职》 英文名：		为美国政权的和平交接开创了先河

基本信息
Basic Information

关于下面的表述，采访一下你身边的游客，听听他们怎么说。在他们认为对的表述后画笑脸，错的就画哭脸，然后给出你自己的判断并说明原因。快去寻找采访对象吧！

1、国会大厦是华盛顿特区最高的建筑物。
   United States Capital is the tallest building in Washington D.C.、(Yes/No)

2、从外观上看，国会大厦呈白色。
   Seen from the outside, the color of United States Capital is white、(Yes/No)

3、圆形大厅里陈列的所有雕像都是铜制的。
   Those statues in Rotunda are all made of copper、(Yes/No)

4、如果你面向国会大厦的正门而立，可以看到参议院在你的左手边。
   If you stand facing the facade of United States Capital, you can see the United States Senate is on your left side、(Yes/No)

表述 (Statement)	受采访者 1 (Interviewee 1)	受采访者 2 (Interviewee 2)	你的回答 (Your Answer)	为什么 (Why)
1				
2	Yes ☺	No 😢	Yes ☺	从外观上看，国会大厦通体洁白。
3				
4				

参议院与众议院

（答案见第 112 页）

The Senate and The House of Representatives

美国国会由众议院和参议院组成，实行两院制。下面是几道有关两院议员人数的问题，你能正确作答吗？

比一比

美国有 50 个州，参议员由各州立法机构直接选出，每州 2 名。众议员则按各州人口比例分配，由公民提名选出，每州至少 1 名。已知参众两院共 535 名议员，问：

参议员人数比众议员人数少多少名：_____

算一算

如果马萨诸塞州和纽约州的众议员人数分别为 8 人和 6 人，且众议员人数和本州人数的比例为 1:30000，问：

马萨诸塞州总人口数为：_____

纽约州总人口数为：_____

25

Exercise 练习

立法流程
The Legislative Process

假设，众议院古板老议员 HUSOM（胡说）提出一项议案：在美国境内，禁止卖中国的肉夹馍，理由是其影响了本地汉堡包的生意。作为一名爱吃肉夹馍、崇尚和平的小大使，你要竭尽全力阻止这项议案的通过。仔细研读下面的立法流程图，看看你可以从哪些环节去搞"小破坏"？

Husom 先生提出议案：在美国境内，禁止卖中国的肉夹馍

众议院将此提议列入审议范围，开始表决

众议院不通过，法案失效；众议院通过，则提交参议院进行审议。（两院各自表决时，遵从"少数服从多数"的原则）

法案交由总统签署

参议院审议通过

参议院审议不通过

总统同意签署该法案

总统否决了该法案，但参众两院超过 2/3 的出席议员通过了该法案

该法案最终成为法律

爱吃肉夹馍的总统不想签，正巧国会马上休会。总统就可用保留不签的方式予以否决，而此时国会已无机会推翻总统的否决

该法案最终无法成为法律

法案失效，Husom 先生哭晕在厕所

选项	是否可干预	你的"小·破坏"良计
Husom 先生所在的众议院表决	√	将该院一半以上的人请到一个秘密地点，使出席人数达不到法定多数，提案就无法通过了。
参众两院出席议员的共同表决		
参众两院超过 2/3 的人都赞同，但总统反对		

华盛顿纪念碑
Washington Monument

　　华盛顿纪念碑是为纪念美国首任总统乔治·华盛顿而建造的，它位于华盛顿市中心，它的金字塔式小尖顶是华盛顿的制高点。无论你以任何交通工具，从任何方向来到华盛顿时，首先映入你眼帘的就是华盛顿纪念碑。这座华盛顿的标志建筑，整个碑身上没有一个字母，仿佛在告诉人们，华盛顿一生的伟业是难以用文字来表达的。华盛顿纪念碑是基于美国人对自己祖先的一种敬仰和纪念而建立的，在华盛顿甚至是全美国，都有很重要的地位。

一座碑， 两种颜色？

1854年，由于内战，美国南、北两方面临分裂的危险，建设中的华盛顿纪念碑被迫停工。这时纪念碑已经建造了大约46米高（约150英尺），它不得不停下来注视决定美国命运的南北战争。战后，华盛顿纪念碑续建工程再度提上日程，停摆22年的纪念碑又重新复工，但建筑工人已无法找到原来的石料，只好换了一种颜色略深的，由此造就了上下两部分颜色不一样。

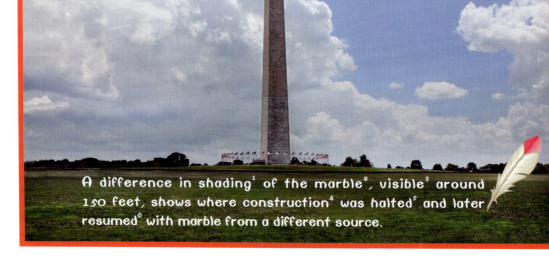

A difference in shading[1] of the marble[2], visible[3] around 150 feet, shows where construction[4] was halted[5] and later resumed[6] with marble from a different source.

---

1. shading /'ʃeɪdɪŋ/ n. 底纹
2. marble /'ma:bl/ n. 大理石
3. visible /'vɪzəbl/ adj. 可见的，明显的
4. construction /kən'strʌkʃn / n. 建设
5. halt /hɔ:lt/ vt. 使停止
6. resume /rɪ'zju:m/ vt. 重新开始，继续

碑中暗藏中国文物？

纪念碑内墙镶嵌着 194 块全球各地捐赠的纪念石，其中包含一块刻有中文的纪念石，这块中文碑石位于纪念塔第十层的西壁上，是一块十分奇特的花岗岩碑石。碑上文字取自福建巡抚徐继畬（YÚ）的《瀛寰（YÍNG HUÁN）志略》。它是当时清政府于 1853 年以大清国浙江宁波府的名义，向筹建中的华盛顿纪念塔赠送的礼物。

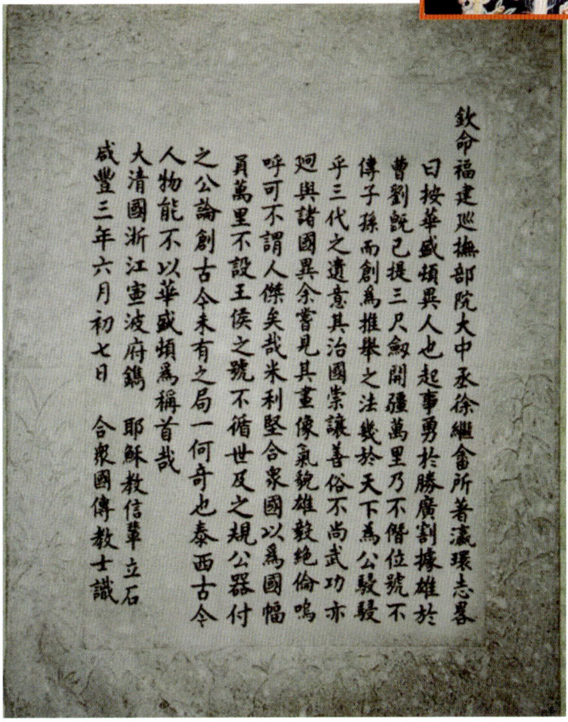

欽命福建巡撫部院大中丞徐繼畬所著瀛環志畧
曰按華盛頓異人也起事勇於勝廣割據雄於
曹劉既已提三尺劍開疆萬里乃不僭位號不
傳子孫而創爲推舉之法幾於天下爲公駸駸
乎三代之遺意其治國崇讓善俗不尚武功亦
迥與諸國異余嘗見其畫像氣貌雄毅絶倫嗚
呼可不謂人傑矣哉米利堅合衆國以爲國幅
員萬里不設王侯之號不循世及之規公器付
之公論創古今未有之局一何奇也泰西古今
人物能不以華盛頓爲稱首哉
大清國浙江寧波府鎸　耶穌教信輩立石
咸豐三年六月初七日　合衆國傳教士識

In 1853, an excerpt[1] about George Washington from Yinghuan Zhi lüe[2] was inscribed[3] on the stone donated to the Washington Monument by a group of Chinese Christians[4].

1. excerpt /ˈeksɜːpt/ *n.* 节选，摘录
2. Yinghuan Zhi lüe《瀛寰志略》(书中赞美华盛顿的文字被刻成碑文，镶嵌在纪念碑的内墙上)
3. inscribe /ɪnˈskraɪb/ *vt.* 雕，刻
4. Christian /ˈkrɪstʃən/ *n.* 基督徒

华盛顿建不出比它还高的楼？

华盛顿纪念碑于 1884 年建成，高约 169 米，是华盛顿特区最高的建筑，也是世界上最高的石制建筑。美国政府曾于 1899 年规定：华盛顿特区任何建筑物的高度都不可以超过华盛顿纪念碑，以表示华盛顿总统的丰功伟绩无与伦比。政府有令，谁敢不从？

The Washington Monument is the tallest stone structure[1] in the world and the tallest building in Washington, D.C.

1. structure /ˈstrʌktʃə(r)/ *n.* 建筑

华盛顿有什么了不起？

　　18 世纪，在英国的殖民统治下，北美殖民地人民备受压迫和剥削。华盛顿开始认识到北美殖民地除了完全独立外，别无选择。1775 年 7 月 3 日，华盛顿就任大陆军总司令。他把一支训练不足、装备落后、主要由地方民军组成的队伍，整编和锻炼成一支能与英军正面抗衡的正规军。通过特伦顿、普林斯顿和约克德等战役，击败英军，取得了北美独立战争的胜利。随后，双方签订《巴黎和约》，英国被迫承认美国独立。

In 1775, Washington was elected[1] Commander in Chief[2] of the Continental Army[3], later he took command of[4] his ill-trained[5] troops and embarked[6] upon a six-year.

1. elect /ɪ'lekt/ vt. 选举，推选
2. Commander in Chief 统帅，总司令
3. Continental Army 大陆军
4. take command of 指挥，开始控制
5. ill-trained 缺乏训练，训练不良的
6. embark /ɪm'baːk/ vi. 从事，着手

"国父" 是怎样炼成的?

　　1789 年，华盛顿被选为美国第一任总统，连任两届。任期结束后，他发表告别词，表示不再出任总统，从而开创了美国历史上摒弃终身总统、和平转移权力的先例。他于 1797 年回到弗农山庄园，过起了田园生活。两年后，华盛顿染上了感冒，进而引发严重的发烧和喉咙痛，最终恶化为喉头炎和肺炎，于当年 12 月 14 日去世。因其血战 7 年，为美国赢得了独立，所以被美国民众尊称为"国父"。

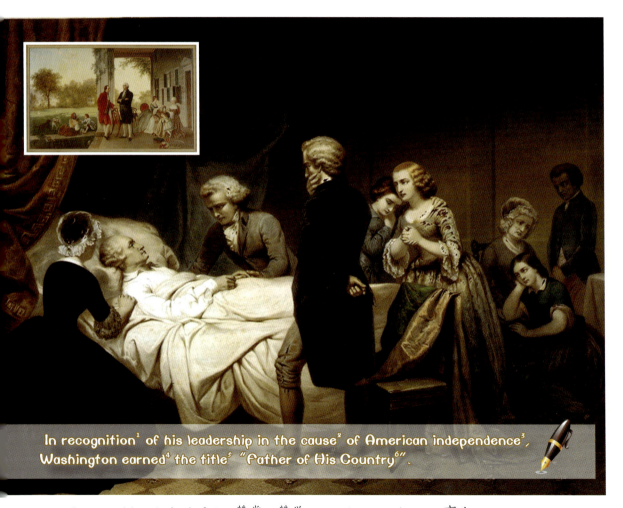

In recognition[1] of his leadership in the cause[2] of American independence[3], Washington earned[4] the title[5] "Father of His Country[6]".

1. recognition /ˌrekəɡˈnɪʃn/ *n.* 赞赏，赞誉
2. cause /kɔːz/ *n.* 事业
3. independence /ˌɪndɪˈpendəns/ *n.* 独立
4. earn /ɜːn/ *vt.* 赢得，获得
5. title /ˈtaɪtl/ *n.* 头衔
6. Father of His Country 美国国父

再不砌，民众就要反了？

　　华盛顿总统逝世后，美国人民逐渐意识到他在美国历史上的重要性。于是，美国的大街小巷都发出了要求在新都建造华盛顿纪念碑的呼声。为了顺应民意，美国联邦政府在首都成立了"国家纪念碑筹建协会"，并开始在全国范围内募捐以筹集资金。开建之日，美国第 11 任总统波尔克以华盛顿在国会大厦奠基仪式上所用的泥刀，为华盛顿纪念碑砌下了奠基石。

The Washington Monument[1] is an obelisk[2] on the National Mall in Washington, D.C., built to commemorate[3] the first American president George Washington[4].

1. monument /'mɒnjumənt/ n. 纪念碑　　　2. obelisk /'ɒbəlɪsk/ n. 方尖碑，方尖塔
3. commemorate /kə'meməreɪt/ vt. 纪念，庆祝
4. George Washington 乔治·华盛顿（美国首任总统，被称为"美国国父"）

纪念碑：为什么受伤的总是我？

　　华盛顿纪念碑在 2011 年的 5.8 级维吉尼亚地震及同年的"艾琳"号飓风中整体受损，随后对游客关闭。自第二年秋天起，纪念碑实施封闭式大修复，对从底座到"方尖碑"顶角的裂痕及受损之处进行修缮。据了解，整个修缮工程耗资 1,500 万美元。直到 2014 年 5 月 12 日，美国国家公园管理处和国家广场基金会才向游客重新开放了华盛顿纪念碑。

The monument was damaged[1] during the 2011 Virginia earthquake[2] and Hurricane Irene[3] in the same year.

1. damage /'dæmɪdʒ/ *vt.* 损害，毁坏
2. Virginia earthquake 弗吉尼亚州大地震（美国东海岸弗吉尼亚州 2011 年 8 月 23 日下午发生里氏 5.8 级地震，首都华盛顿及纽约等地有明显震感。）
3. Hurricane Irene 飓风"艾琳"（"艾琳"是 2011 年大西洋飓风季第一个飓风，于 2011 年 8 月 28 日横扫美国东海岸，重创首都华盛顿特区的各种建筑。）

华盛顿纪念碑位于国会大厦 (THE UNITED STATES CAPITAL)、林肯纪念堂 (LINCOLN MEMORIAL) 的轴线上，是华盛顿哥伦比亚特区 (WASHINGTON D.C.) 举目可见的第一地标及美国国家广场 (THE NATIONAL MALL) 的中心点。请根据你对华盛顿纪念碑的了解，回答下面的问题。

1 在大约 46 米高的地方，纪念碑碑身上下两部分的颜色不一样。这是为什么呢？

A. 为了美观。

B. 因为续建时找不到同样颜色的大理石了。

C. 纪念碑下面的部分因经常被冲洗，逐渐褪色了。

2 华盛顿纪念碑是为了纪念下列哪位人物而建的？

Exercise 练习

基本信息
Basic Information

（答案见第 113 页）

现在的你是一个小福尔摩斯，收到一组密码：1=A，1+2=B，2+3=C，3+4=D……请和小伙伴比赛，看谁先找出密码规律，解码下面的数字；然后写出对应的单词，并选取合适的词填入句子中。

数字密码	解密得到的单词
39　45　29	
11　1　39　15　9　35	
45　29　27	
5　15　17　27　9　37　9	
37　39　29　27　9	

1. 华盛顿纪念碑是美国首都最高的石制建筑（_____ building）。
2. 纪念碑内的中文纪念石（memorial stone in _____）是当时的清政府捐赠的。
3. 华盛顿担任两届（_____ terms）总统后自动退位了。
4. 美国人把乔治·华盛顿称作"美国国父（the _____ of the country）"。
5. 华盛顿带领美国军队赢得了（_____）美国独立战争的胜利。

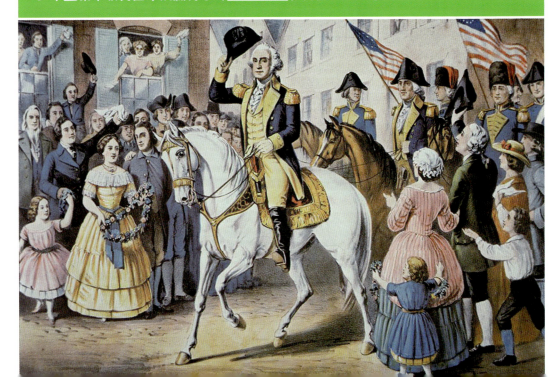

1 美元与 1 元人民币
One Dollar and One Yuan （答案见第 113 页）

仔细观察 1 美元，回答下列问题，根据这些问题你是否能 GET 华盛顿与 1 美元的关系呢？给你的小伙伴或父母讲讲吧！

1. 1 美元正面是_____的肖像。
   A、华盛顿
   B、林肯
   C、罗斯福
   D、美国队长

2. 1 美元的背面，右边圆环里的鹰是美国_____的正面标志。
   A、国徽
   B、国旗
   C、六角星
   D、金字塔

1 美元的惊天大秘密：仔细观察 1 美元反面圆环里的金字塔，你会发现其上方的三角形中有一只"眼睛"。这只"眼睛"被称为"上帝之眼"。"眼睛"之上是拉丁文"Annuit Coeptis"，其意思是"上帝赐予我们一切"，与"上帝之眼"相呼应。这象征了虽然美国的建设还没有完成，但在上帝的帮助下，目标一定会达到。

认识了 1 美元，我们再来认识一下 1 元人民币吧。

1. 1 元人民币正面肖像又是谁呢？
   _____

2. 1 元人民币上哪个是中国国徽的标志，你能用笔圈出来吗？

3. 1 元人民币的反面，在中国人民银行的汉语拼音下面，分别是_____、_____、_____、_____四个少数民族的文字写的"中国人民银行"。

Exercise 练习

乾隆皇帝与乔治·华盛顿

（答案见第 113 页）

Qianlong Emperor and George Washington

你们一定不知道吧，我国清朝时期的乾隆皇帝爱新觉罗·弘历和美国国父乔治·华盛顿是同时代的人呢。假如有一天，校长请来这两名学生，并派你向大家详细介绍他们。你需要调查他们俩的家庭及基本情况，才能完成任务。快完成下面的信息表吧。

	爱新觉罗·弘历	乔治·华盛顿
爸爸姓名	_____·胤禛（雍正帝）	奥古斯汀·_____
妈妈姓名	钮祜禄氏（孝圣宪皇后）	玛丽·华盛顿
职位	皇帝	_____
小伙伴	纪晓岚、_____	杰斐逊、_____
在位情况	清朝第 6 位皇帝	美国第_____任总统
在位时长	60 年	_____年
重要贡献	平定大·小·和卓，灭准噶尔汗国，主持纂修《四库全书》	主持制定 1787 年宪法，率领大陆军团赢得美国独立，开创主动让权的先例

38

今日感悟
What I Learn Today

令你印象最深刻
的是什么?
What
impress you most?

你学到了什么?
What
do you learn?

你有其他想对你的
父母、老师或者朋
友说的话吗?
Do you have
any other words
you want to say to
your parents
/teachers /friends?

签名:
Signature:

Chapter 4

林肯纪念堂
Lincoln Memorial

　　林肯纪念堂，被视为美国永恒的塑像及华盛顿特区的标志，是为纪念美国第16届总统亚伯拉罕·林肯而建的。它位于华盛顿的国家大草坪西端，碧波如染的波托马克河东岸上，与东端的国会大厦遥遥相望。林肯是从社会最低层走出来的美国总统，他看出了奴隶制的丑恶，揭穿了"人人生来平等"的虚伪面纱，第一次提出了"民有、民治、民享政府"的主张，领导了使美国走向统一的南北战争……虽然他后来被残酷暗杀，但他的精神将永存林肯纪念堂中。

林肯引发了美国内战?

1860年林肯当选美国总统。当时,北方资产阶级想实现举国自由劳动的制度;而南方种植园奴隶主们则抱定奴隶制不放。主张限制奴隶制的北方共和党人林肯的上台,空前激化了这一南北矛盾。1861年4月,南方叛乱武装首先向北方挑起战争,美国内战爆发。有人说内战的罪魁祸首就是林肯,其实归根究底,真正的罪魁祸首应是万恶的奴隶制。

As the first Republican[1] president, Lincoln helped end slavery[2] and led the Union to victory[3] in the American Civil War[4].

1. Republican /rɪ'pʌblɪkən/ *adj.* 共和党的
2. slavery /'sleɪvəri/ *n.* 奴隶制度
3. victory /'vɪktəri/ *n.* 胜利,成功
4. American Civil War 美国内战

林肯靠卖地拉拢人心？

战争之初，仓促应战的林肯政府节节战败。1862年5月，林肯颁布了《宅地法》，规定：一切忠于联邦的成年人，只要交付10美元，就可以在西部领取一块地，耕种5年后就可以成为这块土地的主人。这让做梦都想拥有一片自己土地的平民蜂拥去买地，那买了地之后呢？没错，一定会为了捍卫自己的土地而战！所以，《宅地法》的颁布极大程度上调动了民众支持联邦政府的革命热情。

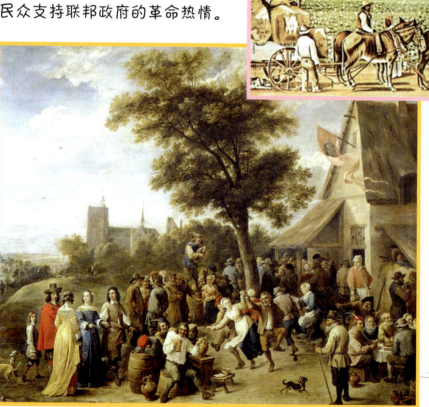

In 1862, President Abraham Lincoln signed[1] the Homestead Act[2], which greatly harmed[3] the interests[4] of southern slave owners.

1. sign /saɪn/ vt. 签署
2. the Homestead Act 《宅地法》
3. harm /hɑːm/ vt. 损害
4. interests /'ɪntrəsts/ n. 利益（常作复数）

当时黑奴到底有多惨?

　　内战前，美国黑人奴隶的数量已高达 400 万人 (当时南方总人口数才 900 万)。这些黑奴都是奴隶贩子从非洲诱捕后用船运过来的。在运载过程中，他们生活在拥挤的船舱里，空气污浊、流行病猖獗，加上饮食恶劣、淡水供应不足，导致很多奴隶染上传染病后被抛入大海。当奴隶被运过来之后，他们像牲口一样被锁在笼子里、打上烙印和编号。而奴隶主最常赏赐给奴隶的就是饥饿、鞭打、寒冷和每天持续 18-19 小时的工作。

In the 18th and 19th centuries[1], Africans were sold in America as slaves to work in large plantations[2].

1. century /'sentʃəri/ n. 世纪　　　2. plantation /plɑːn'teɪʃn/ n. 种植园，大农场

《解放奴隶宣言》是个奇招？

　　1862年9月22日，林肯又颁布了初拟的《解放奴隶宣言》，宣布：从1863年1月1日起，叛乱诸州的奴隶将从那一天起获得自由。消息传到南方后，成千上万的奴隶逃往北方，组成了第一支黑人军团，正是由于黑人奴隶的参与，大大增强了北方的兵力。

In 1862, President Abraham Lincoln issued[1] the Emancipation Proclamation[2], which fundamentally[3] transformed[4] the character[5] of the war.

1. issue /ˈɪʃuː/ *vt.* 发布，颁布
2. the Emancipation Proclamation《解放奴隶宣言》
3. fundamentally /ˌfʌndəˈmentəli/ *adv.* 从根本上
4. transform /trænsˈfɔːm/ *vt.* 使改变
5. character /ˈkærəktə(r)/ *n.* 性质，特性

哪场战役在美国内战中惊天地泣鬼神?

从 1863 年 7 月 1 日开始，南北双方连续 3 天厮杀，南军攻，北军守，其间战局多次起伏，最后南军被北军打败。此战双方伤亡人数高达五万多。这也是美国历史上死伤人数最多的一场战役，即历史上有名的葛底斯堡战役。葛底斯堡战役之后，南军开始走下坡路，这场战役于是被认为是南北战争的转折点。

The three-day battle[1] in and around Gettysburg[2] resulted in the largest number of casualties[3] and it is cited as[4] the war's turning point.

1. battle /'bætl/ *n.* 战役，斗争
2. Gettysburg 葛底斯堡 (美国一城市名)
3. casualty /'kæʒuəlti/ *n.* 伤亡人员
4. be cited as 被视为是

看林肯如何对待不敬和侮辱！

　　为葛底斯堡战役中烈士举行葬礼时，林肯被邀去演讲，但只是作为次要演讲人。殉葬委员会的人在给林肯的信中表示，希望他在艾佛瑞特（著名演说家）演说完毕之后随便讲几句。这是一个侮辱，但林肯平静地接受了。演讲前一段时间，他在穿衣、洗漱、吃点心时也想着怎样演说。演说开始后，林肯走上讲台，仅用2分钟就结束了演讲，但掌声却持续了10分钟。这就是著名的《葛底斯堡演说》。在这次演说中，林肯提出了深入人心的"民有、民治、民享政府"的口号，成为后人推崇民主政治的纲领。

On November 19, 1863, Lincoln gave the Gettysburg Address[1] and put forward[2] the idea of "government of the people, by the people, for the people[3]".

1. the Gettysburg Address 《葛底斯堡演说》　　　2. put forward 提出
3. government of the people, by the people, for the people 民有、民治、民享政府

演员与林肯什么仇什么怨?

失败后的南方奴隶主对林肯恨之入骨，一直想找机会对他下手。1865年4月14日晚上，在华盛顿福特剧院内忽然枪声大作，和夫人一道来看戏的亚伯拉罕·林肯就倒在血泊之中。凶手是一个名叫布斯的在当时颇有名气的演员，他是一个坚定的南部联邦的支持者。4月26日布斯在逃亡途中被击毙。

THE ASSASSINATION OF PRESIDENT LINCOLN.
AT FORD'S THEATRE WASHINGTON.D.C.APRIL 14TH 1865.

Abraham Lincoln was one of the greatest presidents in American history[1] and also the first president murdered[2] in office[3].

1. history /ˈhɪstri/ n. 历史   2. murder /ˈmɜːdə(r)/ vt. 谋杀，凶杀
3. in office 执政，在位

一名大学生
为林肯操碎了心？

林肯去世 2 年后，北方各州提议为林肯建造纪念性建筑物，但因各种原因被搁置。1911 年，林肯纪念委员会因美国群众要求纪念林肯的呼声越来越高而成立，而后接受了一位名叫亨利·培根的大学生的建议，在与国会大厦遥相呼应的地方建造纪念堂。1922 年，林肯纪念堂落成。

The Lincoln Memorial is an American national monument built to honor[1] the 16th President[2] of the United States, Abraham Lincoln[3].

1. honor /'ɒnə(r)/ *vt.* 给……以荣誉（纪念）   2. president /'prezɪdənt/ *n.* 总统
3. Abraham Lincoln 亚伯拉罕·林肯（美国第 16 任总统）

纪念堂玩起"数字游戏"？

　　林肯纪念堂外廊四周共有 36 根石柱，象征着林肯在世时美国的 36 个州。纪念堂顶部护墙上有 48 朵下垂的花饰，廊柱上端护栏上刻着 48 个州的名字，代表纪念堂落成时美国的 48 个州。而今，美国星条旗上的 50 个小星星代表的是目前美国的 50 个州。

The building is in the form of a Greek Doric temple[1] and contains a large seated sculpture[2] of Abraham Lincoln and inscriptions[3] of two well-known speeches by Lincoln.

1. the form of a Greek Doric temple 希腊多利安式神殿建筑风格
2. sculpture /ˈskʌlptʃə(r)/ n. 雕塑　　　　3. inscription /ɪnˈskrɪpʃn/ n. 题词，铭文　　　**49**

林肯之后，黑人真正解放了吗？

　　林肯签署《解放奴隶宣言》百年之后，黑人虽然早就不再是奴隶，但在南方地区，种族隔离还相当普遍。1955年，一位黑人妇女因在公交车上拒绝给白人让座而被判入狱，这一事件引发了长达381天的黑人抵制公交运动，组织者即是马丁·路德·金，运动最终以美国最高法院裁定这种种族隔离做法违反宪法而告终。1963年，马丁·路德·金在林肯纪念堂前发表了著名演说《我有一个梦想》，将黑人争取平等权利的运动再一次推向高潮。

The Lincoln Memorial has became the site[1] of key[2] moments[3] in American history, particularly[4] during the civil rights movement[5] of the 1960s.

---

1. site /saɪt/ *n.* 场所，地点　　2. key /kiː/ *adj.* 关键的　　3. moment /ˈməʊmənt/ *n.* 重要时刻
4. particularly /pəˈtɪkjələli/ *adv.* 特别地，尤其是　　5. civil rights movement 民权运动

Exercise 练习

外部结构
External Structure

（答案见第 114 页）

　　从外观上看，林肯纪念堂是一座用通体洁白的花岗岩和大理石建造的古希腊神殿式纪念堂。纪念堂外有许多廊柱和雕花，它们寓意深远，你是否了解呢？

数 一 数

1、纪念堂外廊有 _____ 根石柱。
2、纪念堂顶部护墙上有 _____ 朵花饰。
　　据说石柱和花饰代表的都是美国的州的数量，这两者的数量一样吗？如果不一样，那是为什么呢？

想 一 想

　　现在的美国国旗左上角有多少颗白色小·五角星？这三个数字都一样吗？如果不一样，这又是为什么呢？

与林肯相关历史事件时期的美国国旗
The Stars and Stripes

（答案见第 114 页）

　　说到美国的州，就不得不提到美国的国旗。自建国以来，美国国旗一共进行了 26 次改动，是世界上改动次数最多的国旗。那与林肯相关的历史事件时期都用的什么国旗，你知道吗？请将下面 4 个不同历史时期的事件与这一时期所使用的国旗进行配对。

A 1859-1861 (Stars：　33　)

B 1865-1867 (Stars：　　　)

C 1908-1912 (Stars：　　　)

D 1912-1959 (Stars：　　　)

1865 年，林肯 (Lincoln) 领导北方人民赢得美国内战 (American Civil War)，4 月 14 日被刺杀。（　　）

1860 年，林肯当选总统。（　　）

1922 年，林肯纪念堂 (Lincoln Memorial) 落成。（　　）

1911 年成立由前任总统塔夫脱 (Taft) 担任主席的林肯纪念委员会。（　　）

亚伯拉罕·林肯
Abraham Lincoln

（答案见第 114 页）

前几天，博物馆丢失了4幅关于林肯总统的画作，经过几天明追暗捕，终于全部追回。你能帮助博物馆管理员将找回的画作放在其正确说明牌处吗？

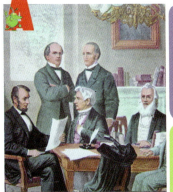

1831 年 6 月的一天，身为水手的林肯来到南方，看到黑人奴隶和牛马一样戴着脚镣手铐被一根根粗壮的绳子串在一起，奴隶主们用皮鞭毒打他们，还用烙红的铁条烙他们。

1860 年，主张废除奴隶制的林肯当选为美国第 16 任总统，对南方种植园奴隶主的利益构成严重威胁。1861 年 4 月，南方联盟不宣而战，南北战争即美国内战（American Civil War）爆发。

1863 年 1 月 1 日林肯正式签署《解放奴隶宣言》（*The Emancipation Proclamation*），使得奴隶们纷纷脱离南军参加北军，扭转了北方不利战局，并使美国开始由南北分裂走向南北统一。

1863 年 11 月，林肯总统发表了《葛底斯堡演说》（*Gettysburg Address*），提出了深入民心的"民有、民治、民享政府"（government of the people, by the people, for the people）的口号。

从钱包里拿出 1 美分的硬币和 5 美元的纸币，你有什么惊奇发现？是不是瞬间更想对林肯及林肯纪念堂有更多了解？带着下面的问题继续前行吧，别忘了参观完后做下面的题和找词游戏哦！

词汇表
Lincoln
address
cent
war
dollar
civil

1. 1 美分硬币 (one-_____ coin) 的背面是林肯纪念堂。
2. 5 美元纸币 (five-_____ note) 的背面也是林肯纪念堂。
3. 林肯总统 (President _____) 主张黑奴应享有自由。
4. 纪念堂内墙上刻着林肯的《葛底斯堡演说》(Gettysburg _____)。
5&6. 林肯领导北方人民赢得了美国内战 (the American _____ _____) 的胜利。

请在下列表格中圈出词汇表中给出的单词。

O	C	P	A	U	C	I	V	I	L	D	W	R	P	L
Y	E	E	B	O	K	R	J	C	S	F	D	P	W	H
R	N	A	D	L	I	N	C	O	L	N	O	J	A	H
F	T	A	R	E	V	T	P	T	M	H	L	H	R	G
D	H	B	G	F	P	O	N	R	A	B	L	B	T	T
A	D	D	R	E	S	S	T	K	R	N	A	F	H	F
L	J	C	S	L	A	W	A	P	J	M	R	R	B	R

马丁·路德·金——《我有一个梦想》
Martin Luther King, Jr.——I have a dream

林肯纪念堂自建成之日起，就成为民权运动的圣地，尤其以 1963 年马丁·路德·金在纪念堂前发表的演说《我有一个梦想》最为著名。请认真朗读以下 3 段节选，试着再现当时的演讲情景。然后想想你身边有哪些不尽如人意之事，你想要怎么处理，你期望或者梦想得到什么样的结果。

I have a dream that one day on the red hills of Georgia the sons of former slaves and the sons of former slave owners will be able to sit down together at the table of brotherhood.

I have a dream that one day this nation will rise up, live out the true meaning of its creed: "We hold these truths to be self-evident that all men are created equal."

I have a dream that my four little children will one day live in a nation where they will not be judged by the color of their skin but by the content of their character.

Now your turn.

	不尽如人意之事	解决办法	期望/梦想得到的结果
1	同桌老玩手机游戏	上课时让老师没收其手机	希望他上课时不再玩游戏，让我听课不受干扰
2			
3			
4			
5			

Chapter 5

五角大楼
The Pentagon

　　五角大楼是美国最高军事机构的所在地。自美国第33任总统杜鲁门建立的国防部开始在此办公,五角大楼便成了美国国防部的代称。楼里除国防部机关外,还包括下属的参谋长联席会议和陆、海、空三军总部。五角大楼在二战后期发挥了重要的军事指挥功能。之后,所有美国军队参加的重大军事行动,也几乎都是在这里策划、指挥的。许多美国著名的将领,也都在这里留下了他们的足迹。同时,许多大片也喜欢描述发生在这里的事。

民众三番五次

来闹事为哪般？

1961 年，美国介入越南战争。战争期间，美国损失惨重，5.6 万余人丧生，30 多万人受伤，耗资 4,000 多亿美元。为了阻止这场战争的继续，美国民众发起了"向五角大楼进军"的大规模反战运动，为结束战争奠定了民意基础。伊拉克战争时，来自美国各地的反战人士再次来到五角大楼，要求立即停止伊拉克战争，不要让越南战争的悲剧重演。

The Pentagon became a focal point[1] for protests[2] against the Vietnam War[3] during the late 1960s[4].

1. focal point 焦点
2. protest /ˈprəʊtest/ n. 抗议
3. Vietnam War 越南战争
4. late 1960s 二十世纪六十年代末

五角大楼居然遭袭击

美国东部时间 2001 年 9 月 11 日早晨 8 时 40 分，四架美国国内航班几乎同时被恐怖分子劫持，其中有一架飞机袭击了五角大楼。飞机撞入五角大楼的西翼，并且引起了大火。虽然五角大楼被袭击的部分刚刚翻新过，还没有完全投入使用，但是仍然造成一百多人丧生，救援活动持续了几个月才结束。这一事件对美国产生了巨大的影响，全球各地在事后都举行了悼念活动。

On September 11, 2001, an airplane¹ was hijacked² and flown³ into the western side of the Pentagon.

1. airplane /'eəpleɪn/ *n.* 飞机   2. hijack /'haɪdʒæk/ *vt.* 劫持
3. fly /flaɪ/ *vt.* 飞行

国务院抢了国防部的地盘?

在修建五角大楼之前，美国陆军部的主要办公地点是军需大厦。1930年，富兰克林·罗斯福总统下令建造一座新的陆军部办公楼，但是新大楼在投入使用后仍不能满足陆军部的办公需求，于是这座新大楼就被划给了美国国务院使用。随后，二战爆发，迅速壮大的美国陆军部急需一座新的指挥基地，于是五角大楼开始动工。陆军部后来改名为国防部，五角大楼也就成了美国国防部的所在地。

The Pentagon is the headquarters[1] of the United States Department of Defense[2].

---

1. headquarters /ˌhedˈkwɔːtəz/ *n.* 总部
2. the United States Department of Defense 美国国防部

"五角大楼" 的名字竟是这样来的！

　　五角大楼原本的建造地址是阿灵顿农场，因为受农场地形的限制，大楼被设计成了不规则的五边形。然而由于在农场建大楼会阻挡人们眺望华盛顿的视线，罗斯福总统于是将建大楼的地址改到了废弃的胡佛机场。建造地虽然挪了，但是五边形的建筑形状被保留了下来，因为总统很喜欢这个设计，而且重新设计的耗资太大了。改建到机场的大楼也从阿灵顿农场不对称的地形束缚中解脱出来，变成了正五边形，所以这栋大楼最后就被命名为"五角大楼"。

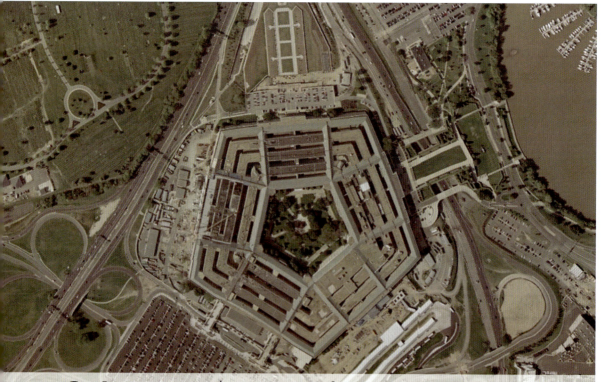

The Pentagon, shaped[1] like a pentagon[2], was designed by American architect George Bergstrom[3] and built by general contractor[4] John McShain[5].

1. shape /ʃeɪp/ vt. 形成　　　　2. pentagon /ˈpentəgən/ n. 五边形；五角大楼
3. George Bergstrom 乔治·贝格斯特罗姆（美国建筑师）
4. general contractor 总承包人　　5. John McShain 约翰·麦克沙恩（美国承包商）

五角大楼还有一个昵称？

在美苏冷战时期，五角大楼曾被人们称作"归零地"。"归零地"原意为导弹目标或核装置爆炸点。人们称呼五角大楼为"归零地"，是因为当时美国与苏联之间的关系非常紧张，人们相信如果两国之间爆发核战争，五角大楼毫无疑问会成为苏联的第一个攻击目标，随时都有可能被摧毁，化为废墟。

The Pentagon is informally[1] known as "Ground Zero"[2] during the Cold War[3].

1. informally /ɪnˈfɔːməli/ *adv.* 通俗地   2. Ground Zero 归零地
3. Cold War 冷战（1947 年—1991 年间，美国、北约为主的资本主义阵营，与苏联、华约为主的社会主义阵营之间的政治、经济、军事斗争。）

重建后的五角大楼，真牛！

　　1998 至 2011 年，五角大楼以现代化标准进行了重建。大楼内国防军事指挥中心的值班室内都安装了计算机系统，可以显示美国总统、副总统、国务卿、国防部长、中央情报局长以及各军的主官等 30 多位军政要员的位置。如果有人想了解总统现在在哪里，只要操作人员在键盘上轻轻一敲，就能准确说出总统所处的地点。

From 1998 to 2011, the Pentagon underwent[1] a major[2] renovation[3] which brought the building up to modern[4] standards[5].

---

1. undergo /ˌʌndəˈɡəʊ/ *vt.* 经历
2. major /ˈmeɪdʒə(r)/ *adj.* 主要的
3. renovation /ˌrenəˈveɪʃn/ *n.* 整修
4. modern /ˈmɒdn/ *adj.* 现代的
5. standard /ˈstændəd/ *n.* 标准

外部形状
External Shape

　　假设，你是五角大楼最初的设计者，要将其设计成正五边形，边长为 281 米。你能否按照 1:10000 的比例进行缩小，用笔在画板内画出五角大楼的设计草图呢？

练习 世界武器之最

The Best Weapons in the World

（答案见第 115 页）

　　为了国防的需要，很多国家不断开发出各式各样的先进武器，现在我们就一起来看一下那些属于"世界之最"的武器吧！请在文字说明标签处填入对应的武器图片序号。

速度最快的飞机——美国猎鹰 HTV-2（Falcon HTV-2），其飞行速度为音速的 20 倍。

射程最远的狙击枪——美国的 M200（CheyTac M-200），其射程可达 2,000 米。

精度最高的弹道导弹——美国的"潘兴"Ⅱ号（Pershing Ⅱ Missile），射程为 1,800 公里，圆概率误差仅 25 米。

最重的坦克——德国八号坦克鼠式（Panzerkampfwagen Ⅷ Maus）超重型坦克，战斗全重 188 吨。

最大的核潜艇——俄罗斯台风级核潜艇（Typhoon Class Nuclear Submarine），长 171.5 米，排水量为 26,500 吨。

Exercise 练习

美中舰载机 F-35 与歼 -15

（答案见第 115 页）

美国 F-35 是世界上最大的单发单座舰载战斗机。中国歼 -15 战斗机是中国第一代舰载战斗机。两者可谓是各有所长。结合下面的参数，采访你的小伙伴，看看他们会做出怎样的选择，并和小伙伴一起讨论这样选择的原因。

F-35

J-15

机型	最大速度	正面雷达反射面积	最大航程	首飞时间
F-35	1.6 马赫	0.065 平方米	2,200 多公里	2006 年
J-15	2.4 马赫	估计 1 平方米以上	3,500 公里	2009 年

问题 (Questions)	F-35/J-15	原因 (Reasons)
1、如果你在 2008 年参观军事博物馆，你可能会看到哪种机型？	F-35	J-15 首飞时间是 _____ 年，而 F-35 首飞时间是 2006 年。
2、如果距离你 3000 公里之外的同伴急需你的援助，你会选择哪种机型？		J-15 的最大航程是 _____，而 F-35 的最大航程是 _____。
3、如果想要隐藏得更好，你会选择哪种机型？		正面雷达反射面积越大越容易被发现，而 J-15 的正面雷达反射面积是 F-35 的十余倍。

Chapter 6

美国国家自然历史博物馆
National Museum of Natural History

　　美国国家自然历史博物馆是世界上最大的博物馆体系——史密森学会下属的 16 所博物馆之一，位于美国首都华盛顿国家广场北侧，自 1910 年建成时就免费对公众开放。该馆展品多达一亿两千万件，旨在通过一系列的展品，向人们讲述关于地球发展的故事，展示自然与环境的演化历史，使人们了解世界自然的发展历史，既增长见识，又给人以启迪。最让人津津乐道的是，不少闻名于世的宝石，都收藏于该馆，尤其是该馆的镇馆之宝——"希望"蓝钻石，吸引着全世界的人前往。

稀世珍宝
竟是"不祥之物"？

博物馆的珠宝大厅里陈列着一颗由62块小钻石装饰着的稀世珍宝——"希望"蓝钻石，又名"希望之星"，重45.52克拉。该钻石是一位法国珠宝商于公元1642年在印度西南部发现的。几百年以来，凡是占有过它的人都离奇地遭遇了不幸，这使它蒙上了一层神秘的色彩，因而又有"神秘的不祥之物"之称。直到1958年，它的最后一位主人纽约珠宝商温斯顿将其捐献给史密森学会，厄运的谣言才被终止。

The museum celebrated the 50th anniversary[1] of its acquisition[2] of the Hope Diamond[3] in August 2009 by giving the gemstone[4] its own exhibit[5] and a new setting[6].

1. anniversary /ˌænɪˈvɜːsəri/ *n.* 周年纪念日
2. acquisition /ˌækwɪˈzɪʃn/ *n.* 获得
3. Hope Diamond 希望之星，"希望"蓝钻石
4. gemstone /ˈdʒemstəʊn/ *n.* 宝石
5. exhibit /ɪgˈzɪbɪt/ *n.* 展览（会）
6. setting /ˈsetɪŋ/ *n.* 镶嵌式样

拿破仑也是"有心郎"？

法兰西缔造者拿破仑曾赠与他的第二任妻子玛丽皇后两款非常有名的珠宝。其中一款是嵌有79颗绿松石和1,006颗钻石的皇冠；另一款则是一条钻石项链，它是由28颗9面切割的钻石连接而成，边缘交替配有鸡心形和椭圆形钻石。这两款首饰几经易手，最终被捐献给了史密森学会，并在华盛顿国家自然历史博物馆的矿物珍宝馆中展出。

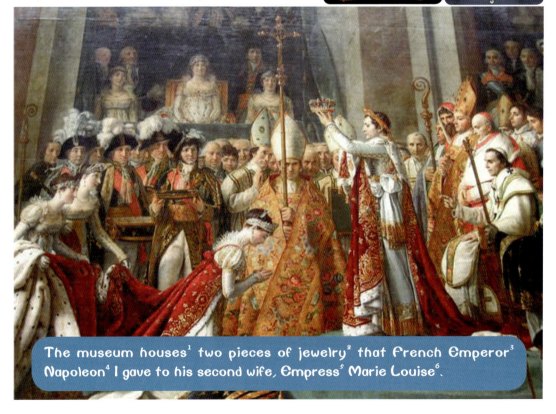

The museum houses[1] two pieces of jewelry[2] that French Emperor[3] Napoleon[4] I gave to his second wife, Empress[5] Marie Louise[6].

1. house /haʊz/ *vt.* 收藏，存放
2. jewelry /'dʒuːəlri/ *n.* 珠宝
3. emperor /'empərə(r)/ *n.* 皇帝，君主
4. Napoleon 拿破仑·波拿巴（法兰西帝国缔造者）
5. empress /'emprəs/ *n.* 皇后，女皇
6. Marie Louise 玛丽·路易斯（拿破仑第二任妻子）

史前终极杀手进驻博物馆？

1988 年一名农场主在蒙大拿州发现了一只巨大的史前时代霸王龙雷克斯的骨架化石。这副 12 米长的"国民霸王龙"被运往华盛顿，归入博物馆馆藏，在国家自然历史博物馆举行了揭牌仪式。博物馆行政主管约翰逊称它的完整度高达 85%。约翰逊说："它在土中被挖掘出来时就如同 6,600 多万年前死在蒙大拿海岸上的姿势一模一样。"

National Museum of Natural History houses 30 million insects[1], 7 million fish and one big old Tyrannosaur Rex[2], which is a replica[3].

1. insect /ˈɪnsekt/ *n.* 昆虫
2. Tyrannosaur Rex 霸王龙雷克斯
3. replica /ˈreplɪkə/ *n.* 复制品

人类是由鲨鱼进化而来的?

博物馆还有一个人类起源主题馆，这里可以看到有关人类起源发展的视频，也有展示几十个类人猿头盖骨的展区。说到人类起源，总是众说纷纭，自从达尔文创立生物进化论后，多数人相信人类是生物进化的产物。有科学家表示，人类是从一种3亿多年前漫游在海洋中的史前鲨鱼进化而来的，这种名为棘鱼属的原始鱼类是地球上包括人类在内的所有颌类脊椎动物的共同祖先。究竟是不是呢？那就有待我们继续去探索啦！

The David H. Koch Hall of Human Origins[1] is dedicated[2] to the discovery and understanding of human origins, and occupies[3] 15,000 square[4] feet of exhibit space[5].

Earliest-known Human Footprints

The footprints were most likely made by *Australopithecus afarensis*, an early human whose fossils were found in the same sediment layer.

The entire footprint trail is almost 27 m (88 ft) long and includes impressions of about 70 early human footprints.

1. Hall of Human Origins 人类起源主题馆　　2. dedicated /'dedɪkeɪtɪd/ *adj.* 献身的，专注的
3. occupy /'ɒkjupaɪ/ *vt.* 占用，占据　　4. square /skweə(r)/ *adj.* 平方的
5. space /speɪs/ *n.* 空间，太空

史密森学会是怎么来的?

詹姆斯·史密森是 19 世纪英国著名的化学家和矿物学家。他一生从未到过美国，然而却在逝世前将遗产赠给了美国政府。美国政府得到他的财产后，选择在华盛顿特区建造了史密森学会总部，这是一个半官方性质的博物馆机构，旗下包括美国国家自然历史博物馆、美国国家航空航天博物馆、美国国家艺术博物馆在内的十多所博物馆、画廊和国家动物园。而且这些都是免费对游客开放的。

Smithsonian

Administered[1] by the Smithsonian Institution[2], the National Museum of Natural History[3] is located on the National Mall in Washington D.C.

---

1. administer /əd'mɪnɪstə/ *vt.* 管理   2. Smithsonian Institution 史密森学会
3. National Museum of Natural History 美国国家自然历史博物馆

馈赠背后另有隐情？

为什么一生从未到过美国的史密森要将遗产捐赠给美国政府呢？原来史密森是诺森伯兰郡首位公爵休·史密森的私生子，母亲也有皇室血统，虽然身份还算高贵，但史密森却一直因其私生子的身世而遭到歧视，为此他耿耿于怀。1826年，史密森立下遗嘱，把遗产留给侄子，但附上了这样的条件：如果侄子去世时无子嗣，这笔遗产将捐给他认为最有创造活力和发展前途的美国，用于增进和传播人类的知识。后来，其侄子果真无子嗣。

James Smithson[1], founding[2] donor[3] of the Smithsonian Institution, was born in 1765 in France with the name James Lewis Macie.

1. James Smithson 詹姆斯·史密森（华盛顿史密森学会的主要赞助人）
2. founding /ˈfaʊndɪŋ/ adj. 创办的，创立的   3. donor /ˈdəʊnə/ n. 捐赠者

博物馆寻宝
Treasure Hunt

（答案见第115页）

世纪怪盗发出挑战书，明晚 10 点他将现身于国家自然历史博物馆，盗取一件贵重宝物。小伙伴们的任务是成立侦探小队，根据他发来的挑战书以及给出的提示，推断出其要偷取的宝物，并找到宝物，将它保护起来。

Challenge

Code 1.

Code 2. 258965*14789*1478963*45632479

Code 3. 9.104 g

怪盗

提示 1
跳舞的小人

提示 2
电话按键

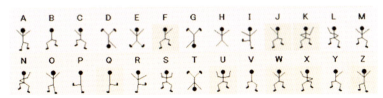

提示 3
1g（克）= 5ct（克拉）

密报：挑战书第二个 code（暗号）给出了四组数字，按照每组数字给出的顺序，将电话按键上的相应数字连接起来，看看每组数字组成的是什么字母。

终极解密

Code 1: _____

Code 2: _____

Code 3: _____

我知道答案啦！世纪怪盗想要盗取的宝物就是_____

练习 展品
The Exhibits

（答案见第115页）

粗心的游客不小心将咖啡洒在了标本的说明牌上，导致有些说明牌上的内容看不清了。小伙伴们，你们能帮助工作人员将说明牌上被污渍遮盖的地方补充完整吗？

名称：蓝鲸（_____）

类型：哺乳动物（Mammal）

长度：27.6m

名称：王雷兽（Brontotherium）

类型：哺乳动物（Mammal）

栖息地：北美洲（_____）

名称：老虎（_____）

类型：肉食动物（Carnivore）

食物：肉类（_____）

参观日志
Diaries

（答案见第115页）

游玩归来，小伙伴根据自己在博物馆的所见所闻写下了日记。老师将一些错误的内容标红了，要求小伙伴们相互交换更正。你能结合你在参观过程中的所看所学将下面几位小伙伴日记中的错误修改正确吗？

星期一　201X 年 7 月 22 日　晴

　　今天我参观了美国国家自然历史博物馆……

　　在博物馆里，我看到了一组活灵活现的动物标本：**三只老虎**（three tigers）正在攻击一头水牛（a buffalo）……

MY STYLE

星期一　201X 年 7 月 22 日　晴

　　今天天气晴暖，我和小伙伴们一起参观了华盛顿著名的自然历史博物馆……

　　在哺乳动物展示厅（**Hall of Insect**）里，我看到了一组特别有趣的动物标本：一只美洲豹（a leopard）将一只羚羊（an antelope）拖到了**屋顶**（the roof），准备慢慢地享受它的美食……

今日感悟
What I Learn Today

令你印象最深刻的是什么?
What
impress you most?

你学到了什么?
What
do you learn?

你有其他想对你的父母、老师或者朋友说的话吗?
Do you have
any other words
you want to say to
your parents
/teachers /friends?

签名:
Signature:

Chapter 7

美国国家航空航天博物馆
National Air and Space Museum

　　美国国家航空航天博物馆坐落于美国首都华盛顿市中心的国家广场上。它是目前世界上最大的飞行博物馆，整个博物馆分为24个展厅。博物馆均由玻璃、大理石和钢材建成，是一座现代感极强的建筑。博物馆每月接待观众达10万之多。第一年的参观人数超过1,000万人次，创美国各博物馆最高纪录。该博物馆是美国航空航天科技发展的最好见证，它的宗旨在于启发并教育游客，缅怀人类飞行史上的卓越功绩。

在博物馆里
可以开飞机？

美国国家航空航天博物馆是世界上最大的飞行博物馆，收藏了飞行史上具有重要意义的各类飞机、火箭、导弹、宇宙飞船及著名飞行员、宇航员用过的器物。除了体积过于庞大的用的是模型以外，展品绝大多数都是珍贵的原物或备用的实物。在博物馆内，游客可以随意拍摄，甚至还可以自己动手操作部分飞机仪器，体验一把博物馆里"开飞机"的感觉。

The National Air and Space Museum of the Smithsonian Institution holds the largest collection[1] of historic aircraft[2] and spacecraft[3] in the world.

1. collection /kəˈlekʃn/ *n.* 收藏　　2. aircraft /ˈeəkrɑːft/ *n.* 飞机，航空器
3. spacecraft /ˈspeɪskrɑːft/ *n.* 航天器

飞机的发明者是自行车修理工？

　　莱特兄弟生于美国俄亥俄州，他们原本是修理自行车的。因为对飞行感兴趣，兄弟俩后来开始研究造飞机。1903 年，他们制造出了第一架依靠自身动力进行载人飞行的飞机——"飞行者一号"。虽然飞机总共只飞行了 12 秒、飞行距离也不到 40 米，但是他们却创造了历史，人类历史上第一架飞机因此诞生。现在，莱特兄弟发明的"飞行者一号"就存放在博物馆正厅的"飞行里程碑"区域内。

In 1976, the Flyer 1 was moved to the Milestones of Flight Gallery[1] of the new National Air and Space Museum.

1. Milestones of Flight Gallery "飞行里程碑"展馆

他把第一次给了大西洋？

博物馆正厅内悬挂着一架螺旋桨单翼机，这是世界上第一架不间断飞跃大西洋的飞机——圣路易斯精神号！飞机的主人是美国飞行家查尔斯·林德伯格。1927年5月20日至21日，他驾驶圣路易斯精神号，横跨大西洋，从纽约飞至巴黎。飞行途中飞机没有着陆，连续飞行了33.5个小时，他因此成为世界上首位实现单人不着陆横跨大西洋飞行的人。

The Spirit of St. Louis[1] is a monoplane[2] that was flown solo[3] by Charles Lindbergh. It is now sitting on the floor in the main lobby[4] of the museum.

1. The Spirit of St. Louis 圣路易斯精神号
2. monoplane /ˈmɒnəpleɪn/ n. 单翼机
3. solo /ˈsəʊləʊ/ adv. 单独地
4. lobby /ˈlɒbi/ n. 大厅

跟"音速"赛跑的牛机!

20世纪中期,人们发现飞机没法飞得更快,因为当时的飞机都是按亚音速原理设计的,接近音速时空气产生巨大的阻力,阻力甚至大到能直接撕裂飞机!这就是传说中的"音障"。1947年10月,经过多年探索,飞行员耶格尔驾驶贝尔X-1型飞机在爱德华兹空军基地上空成功突破音障,完成了世界上第一次持续超音速平飞。这架贝尔X-1型飞机的机身是橘红色的,如今就陈列在博物馆里。

The Bell X-1 in the museum is in orange and it is the first manned[1] airplane to exceed[2] the speed[3] of sound in level[4] flight.

1. manned /mænd/ *adj.* 载人的
2. exceed /ɪk'si:d/ *vt.* 超过
3. speed /spi:d/ *n.* 速度
4. level /'levl/ *adj.* 水平的

美国也有害怕的时候?

博物馆中有一颗不起眼的金属小圆球，那是苏联制造的世界上第一颗人造地球卫星斯普特尼克 1 号。它于 1957 年 10 月发射升空，由此拉开了美苏太空竞赛的序幕。当然了，展厅里这个是复制品。当这一直径 58.4 厘米、重 83.5 千克的铝制球体绕着地球旋转时，美国人一下震惊了：他们一向认为技术不如自己的苏联居然跑前面去了！

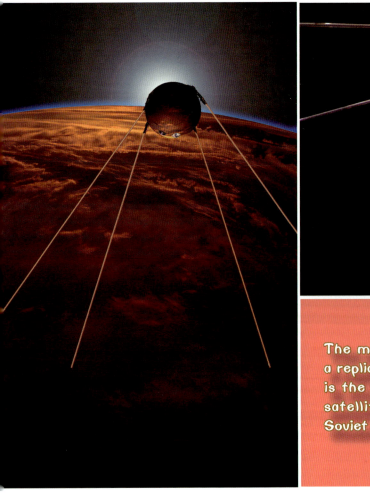

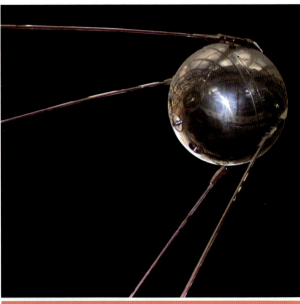

The museum also contains a replica of Sputnik 1 which is the first artificial[1] earth satellite[2] launched[3] by the Soviet Union[4].

1. artificial /ˌɑːtɪˈfɪʃl/ *adj.* 人造的
2. satellite /ˈsætəlaɪt/ *n.* 卫星
3. launch /lɔːntʃ/ *vt.* 发射
4. Soviet Union 苏联

苏联又"补刀"！

    在成功发射斯普特尼克1号后，苏联紧接着又将宇航员加加林送上了太空。1961年4月12日，加加林乘坐"东方1号"载人宇宙飞船，环绕地球轨道进行飞行。历时1小时48分后，加加林成功着陆，完成了世界上首次载人宇宙飞行，成为第一个进入太空的人。苏联的这两次领先让一直自称世界最强国的美国感到非常气愤。

Yuri Alekseyevich Gagarin was the first person to travel[1] into the outer space[2] with his Vostok 1 spacecraft in 1961.

1. travel /'trævl/ vi. 旅行   2. outer space 外太空

美国：苏联，你给我等着！

　　你上了太空，我就要上月球。在苏联的加加林进入太空一个多月后，美国总统肯尼迪便宣布要在十年内把人类送上月球，这就是"阿波罗计划"。在十年期限即将结束的1969年，土星5号载着阿波罗11号成功登陆月球。阿姆斯特朗等宇航员在飞船中生活了8天半，至此，美国成了太空竞赛的最终赢家。如今，在博物馆内还可以看到阿波罗11号飞船的指令舱实物。

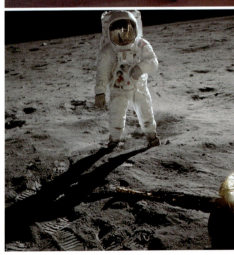

The Apollo 11 is the spaceflight[1] that landed[2] the first humans on the Moon, and the Command Module[3] of Apollo 11 has been kept almost 40 years in the museum.

1. spaceflight /'speɪsflaɪt/ n. 宇宙飞行　　2. land /lænd/ vt. 使着陆
3. Command Module 指令舱

84

练习 Exercise

航空与航天
Air and Space

（答案见第 116 页）

　　"航空"和"航天"虽只有一字之差，意思却是千差万别。航空是指人类利用飞行器从事的大气层内的飞行及有关活动，这类飞行器有气球、飞机等，它们不会飞离地球。航天又称"星际航行"，航天飞行器则称为外层空间飞行器，如人造卫星、宇宙飞船、航天飞机等。下面四幅图是博物馆内陈列的四种飞行器，你能判断出下列哪一个不属于航天飞行器吗？

火星着陆器
Mars Lander

热气球
Fire Balloon

太空飞船
Spaceship

人造卫星
Artificial Satellite

Exercise 练习

历史上重要的飞行器
Important Aircrafts in History

（答案见第 116 页）

你能和父母或小伙伴一起，以最快的速度找到以下飞行器，并在文字说明标签的左上角处填入对应的飞行器序号吗？

第一次飞跃大西洋的圣路易斯精神号（Spirit of St. Louis）。

第一架依靠自身动力进行载人飞行的飞机——飞行者一号（Wright Flyer 1）。

第一架突破音速的飞机——橘红色的贝尔 X-1 号（Bell X-1）

人类第一颗人造地球卫星——斯普特尼克 1 号（Sputnik 1）。

完成人类首次登月任务的阿波罗 11 号指令舱（Apollo 11 Command Module）。

Exercise
练习

航空航天大事记
Important Events in History

（答案见第116页）

博物馆正在进行一项普测，邀请你和小伙伴们对这里的游客进行问卷调查，看看大家对航空航天历史上的重要事件了解多少。LET'S DO IT!

问卷调查
Questionnaire

Questions	Answers
1. 第一位进入太空的人是？ Who was the first man into space?	☐ 加加林（Gagarin） ☐ 阿姆斯特朗（Armstrong）
2. 第一个将人造地球卫星送入太空的国家是？ Which country sent the first man-made earth satellite into space?	☐ 美国（The United States） ☐ 苏联（The Soviet Union）
3. "美苏太空竞赛"最后的赢家是？ Which country was the final winner of the space race between the USSR and the USA.	☐ 美国（The United States） ☐ 苏联（The Soviet Union）
4. 创造了人类第一次不间断飞跃大西洋奇迹的飞行员是？ Who was the first pilot to complete the nonstop flight across the Atlantic Ocean?	☐ 查尔斯·林德伯格（Charles Lindbergh） ☐ 莱特兄弟（Wright Brothers）

航空航天先驱
Pioneers

（答案见第 116 页）

　　人类经过几千年的不懈努力，终于实现了飞上长空、探索宇宙的美好愿望，这主要归功于航空航天事业的先驱们。请将下列著名先驱者的图片与其简介进行连线。

韦纳·冯·布劳恩
WERNHER VON BRAUN
1912 年—1977 年

第一个踏上月球的宇航员，当时他说出了广为流传的经典名言："这是我个人迈出的一小步，但却是人类迈出的一大步。"

莱特兄弟
WRIGHT BROTHERS
1867 年—1912 年，1871 年—1948 年

美国著名火箭专家，曾是 V1 和 V2 火箭的总设计师。他领导研制的"土星 5 号"运载火箭将第一艘载人登月飞船阿波罗 11 号送上了月球。

尼尔·奥尔登·阿姆斯特朗
NEIL ALDEN ARMSTRONG
1930 年—2012 年

人类历史上第一架动力飞机"飞行者一号"的设计者，为开创现代航空事业做出了不朽的贡献。

Exercise
练习

探索宇宙
Explore the Universe

　　参观完博物馆的行星探测和宇宙探索展区之后，小伙伴们一起来观看好莱坞科幻冒险电影《星际穿越》（INTERSTELLAR）吧！这部电影邀请著名物理学家基普·索恩作为科学顾问，对未来的航空技术、广袤的宇宙空间做出了恢弘美妙的呈现。观影结束后请填写表格，看看自己从电影中学到了什么。

《星际穿越》 Interstellar	
问题 (Questions)	答案 (Answers)
1. 你是在什么时候、什么地方观看的这部电影？	
2. 你和谁一起观看的这部电影？	
3. 电影中 Cooper 的女儿叫什么名字？	
4. 为什么 Cooper 要离开他的女儿到太空去？	
5. 最后是谁救了 Cooper 并将他带回了地球？	

电影中涉及到了以下哪些科学知识？请在涉及到的科学知识前的方框中画√。然后根据电影内容，说说你对这些知识的理解。

☐ 重力（gravity）
☐ 墨菲定律（Murphy's Law）
☐ 黑洞（black hole）
☐ 虫洞（worm hole）
☐ 时空旅行（time travel）
☐ 万有引力定律（the law of universal gravitation）

Chapter 8

约翰·F·肯尼迪表演艺术中心·
John F. Kennedy Center for the Performing Arts

　　约翰·F·肯尼迪表演艺术中心是华盛顿非常著名的美国国家文化心，也是第一座动用联邦资金修建的艺术表演场馆。约翰·F·肯尼迪表演艺术中心对美国而言，具有双重意义：第一，它是国家文化中心；其次，它是以美国总统肯尼迪之名命名，以纪念这位年轻遇刺的总统。如今，肯尼迪表演艺术中心在美国文化界已占着举足轻重的地位，为美国和世界各地最优秀、最激动人心的表演艺术作品提供了向公众展示的舞台。

艺术中心

来了位中国大咖？

2006年10月12日晚上，中国民族歌唱家宋祖英在肯尼迪表演艺术中心举行专场音乐会，一口气演唱了16首中国民歌。报幕员依然是"老搭档"杨澜，她那如行云流水般的英语和风趣幽默的解说词，为宋祖英的演唱会锦上添花。演唱会结束时，全场观众起立，掌声经久不息，最后宋祖英还加演了一首英文歌曲以报答观众的厚爱。

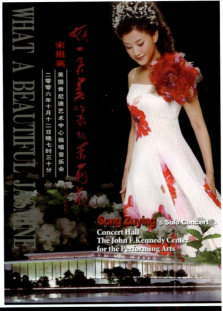

WHAT A BEAUTIFUL JASMINE

宋祖英
美国肯尼迪艺术中心独唱音乐会
二零零六年十月十二日晚七时三十分

Song Zuying's Solo Concert
Concert Hall
The John F. Kennedy Center
for the Performing Arts

In October 2006, Song Zuying staged[1] her solo[2] concert[3] at the John F. Kennedy Center for the Performing Arts.

1. stage /steɪdʒ/ vt. 举办
2. solo /ˈsəʊləʊ/ adj. 独唱的，单独的
3. concert /ˈkɒnsət/ n. 音乐会，演奏会

"三老大" 汇聚一堂

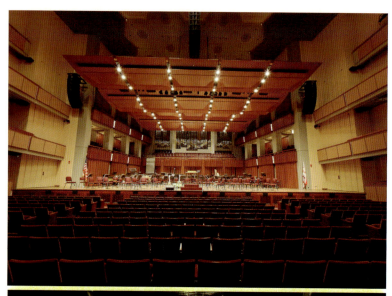

肯尼迪表演艺术中心的主要场馆是音乐厅、歌剧院和艾森豪威尔剧场。音乐厅是艺术中心最大的场馆，以举办音乐会为主；歌剧院是艺术中心的第二大场馆，主要上演芭蕾、歌剧和音乐剧；艾森豪威尔剧院是专门为话剧、歌剧等舞台剧设计的场地，是肯尼迪艺术中心的第三大场馆，有时也放映电影，是多功能表演场所。

The John F. Kennedy Center for the Performing Arts is a performing arts center and has three main[1] theaters[2].

1. main /meɪn/ *adj.* 最重要的，主要的

2. theater /'θɪətə(r)/ *n.* 剧院

艾森豪威尔剧场大有来头?

肯尼迪表演艺术中心的历史可追溯到 1958 年,当年艾森豪威尔总统签署两党联合法案,决定建立国家文化中心,这是美国历史上政府首次对表演艺术的设施建设提供支持和资助。为纪念艾森豪威尔总统的这一贡献,艺术中心的一个剧院被命名为艾森豪威尔剧院,这也是该艺术中心唯一用人名命名的剧场。

The Eisenhower Theater is named for President Dwight D. Eisenhower[1], who signed the National Cultural Center Act[2] into law on September 2, 1958.

1. Dwight D. Eisenhower 德怀特·戴维·艾森豪威尔(美国第 34 任总统)
2. the National Cultural Center Act《国家文化中心法案》

国家文化中心被改名换姓了？

约翰·菲茨杰拉德·肯尼迪，通常被称作约翰·F·肯尼迪，是美国第 35 任总统，1963 年 11 月被刺杀。由于肯尼迪总统生前自始至终支持和提倡艺术活动，经常带头为新建的国家文化中心筹资，所以在其遇刺两个月后，国会选定正在建设中的国家文化中心作为肯尼迪总统的纪念馆，并批准拨款 2,300 万帮助建造。国家文化中心也由此更名为约翰·F·肯尼迪表演艺术中心。

The National Cultural Center[1] was renamed[2] the John F. Kennedy Center for the Performing Arts in 1964, following the assassination[3] of President Kennedy.

1. National Cultural Center 国家文化中心
2. rename /ˌriːˈneɪm/ vt. 给……重新命名（改名）
3. assassination /əˌsæsɪˈneɪʃn/ n. 暗杀，行刺

肯尼迪之死：未解的谜团！

肯尼迪总统究竟是怎样被刺杀的呢？1963年11月22日上午，肯尼迪总统偕夫人同乘一辆敞篷轿车前往得克萨斯州府达拉斯市市区，不料在行至埃尔姆街拐弯处时，被人开枪击中，半小时后在医院身亡。很快，达拉斯警方逮捕了名叫奥斯瓦尔德的刺客，但过了两天，奥斯瓦尔德又在戒备森严的情况下被一个叫鲁比的人开枪打死。至于奥斯瓦尔德为什么要刺杀总统，至今仍是一个谜。

Kennedy was assassinated[1] in Dallas[2], Texas[3] on November 22, 1963 by a sniper[4] at the Texas School Book Depository[5].

1. assassinate /ə'sæsɪneɪt/ vt. （因政治原因）而刺杀
2. Dallas 达拉斯（美国城市）
3. Texas 德克萨斯州（美国州名）
4. sniper /'snaɪpə(r)/ n. 狙击手
5. Texas School Book Depository 德克萨斯州教科书仓库大楼

肯尼迪为黑人争取民权？

肯尼迪于1960年当选美国总统。上任后，他努力为黑人争取平等的权利，但并没有起到显著成效。这引起黑人的强烈不满，马丁·路德·金等民权领袖甚至认为肯尼迪的作为只不过是"装点门面"而已。在这种情况下，肯尼迪发表了电视广播演讲，呼吁全国民众给黑人平等权利，并在演讲之后向国会递交了《民权法案》：提倡不分肤色，各民族享有平等的权利。这一法案被誉为"美国的第二个解放宣言"。

On the evening of June 11, 1963, Kennedy gave his famous civil rights address[1] on national television and radio, launching[2] his initiative[3] for civil rights legislation[4].

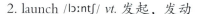

1. civil rights address 关于民权的演讲
2. launch /lɔːntʃ/ vt. 发起，发动
3. initiative /ɪˈnɪʃətɪv/ n.（重要的）法案，倡议
4. legislation /ˌledʒɪsˈleɪʃn/ n. 立法

核弹大战，世界毁灭在旦夕？

1962 年 10 月 15 日，美国发现苏联在古巴部署导弹，这些导弹射程远，在几分钟内即可摧毁休斯敦、迈阿密、华盛顿等地。肯尼迪总统了解详情后，决定要将这些导弹弄走，为此，肯尼迪下令对古巴实行全面封锁，且安排了战舰和远程轰炸机全天候监视，战争一触即发。10 月 28 日，在肯尼迪强大的军事压力和外交谈判下，赫鲁晓夫终于答应从古巴撤除导弹，一场可能毁灭人类的导弹危机得以解除。

The Cuban Missile Crisis[1] was a 13-day confrontation[2] between the United States and the Soviet Union over Soviet ballistic missiles[3] deployed[4] in Cuba.

1. the Cuban Missile Crisis 古巴导弹危机
2. confrontation /ˌkɒnfrʌnˈteɪʃn/ n. 冲突，对抗
3. ballistic missiles 弹道导弹（一种装有炸弹的火箭）
4. deploy /dɪˈplɔɪ/ vt. 部署

场馆
Venues

（答案见第117页）

在参观艺术中心三大主场馆的过程中，你的三个小伙伴迷路了，于是给你用手机发来所在位置的照片和文字描述。你是否能根据小伙伴们发来的照片和描述准确判断他们所处的位置呢？

这里的入口处两边都有镜子，现在舞台上正在表演芭蕾舞。

位置（Position）：
A. 音乐厅
B. 歌剧院

位置（Position）：
A. 音乐厅
B. 艾森豪威尔剧场

这里的观众席共有4层，台上正在表演交响乐。

我在底层，这里正在表演话剧。

位置（Position）：
A. 歌剧院
B. 艾森豪威尔剧场

约翰·菲茨杰拉德·肯尼迪
John Fitzgerald Kennedy （答案见第117页）

肯尼迪虽然只当了 1,037 天的总统，但美国人至今仍在怀念他。究竟肯尼迪有着怎样的个人魅力及成就呢？下面的句子会给你答案。请根据首字母在方框中圈出合适的词补齐以下关于肯尼迪的句子！

1. 1960 年 6 月，肯尼迪毕业于哈佛大学（H _____ University）。

2. 他是第二次世界大战（the World War II）时期英勇的海军军官（n _____ officer）。

3. 他的财富、外貌和权力让他成为了当时美国青少年的偶像（i _____）。

4. 他成功地解决了古巴导弹危机（Cuban Missile Crisis），帮人类避免了一场毁天性的的核战争（n _____ war）。

5. 他提倡保持与敌对国家的友好和平（p _____）关系，但同时他又尽最大的努力来保持美国在全球的领导地位。

S	Y	V	G	R	E	A	T	E	P	T
U	A	O	S	T	R	E	M	A	E	N
P	B	N	U	C	L	E	A	R	A	A
R	N	M	G	N	I	P	H	J	C	K
I	D	O	L	A	G	L	I	M	E	L
B	P	G	B	V	R	E	N	E	F	I
H	A	R	V	A	R	D	S	M	U	F
S	T	U	C	L	A	R	D	T	L	E

Ask not what your country can do for you, but ask what you can do for your country.

不要问你的国家能为你做些什么，而要问一下你能为你的国家做些什么。

——肯尼迪

《剪除疯狂》
Shear Madness

喜剧侦探剧《剪除疯狂》SHEAR MADNESS 是肯尼迪表演艺术中心的热门节目，该剧在实验性剧场（THEATER LAB）几乎每天都会上演一至两场。观看 SHEAR MADNESS 后，小伙伴们也来 SHOW 一下自己的表演才艺吧！根据以下场景和给出的台词，进行情感演绎，并让同伴给你拍下照片，贴到对应台词的旁边。

> 场景：灰姑娘(Cinderella)想去参加皇家舞会，但恶毒的继母和同父异母姐妹不允许。后来，在仙女教母的帮助下，灰姑娘穿着美丽的晚礼服去参加了舞会。舞会上，灰姑娘与王子相爱了，但她必须在午夜 12 点钟声响起之前离开。她匆忙离开时掉落了一只水晶鞋，王子捡起水晶鞋，下令寻找灰姑娘……

继母：灰姑娘，你这么丑这么脏，就不要去丢人了！你必须先把家里的活做完！

大头贴

姐妹：就你？ 看看你自己，这么丑，这么脏！（大笑起来）

大头贴

灰姑娘：（悲伤地）我也很想去。 我该怎么办？谁能帮帮我？

大头贴

王子：（拿起水晶鞋）美丽的姑娘！你为什么要离开我？我一定要找到你！士兵！

大头贴

Chapter 9

维拉德华盛顿洲际酒店
Willard InterContinental Washington

　　维拉德华盛顿洲际酒店素有"宾夕法尼亚大街的皇冠明珠"的美誉，建立于 1818 年，历史非常悠久。这家酒店地处华盛顿中心区，地理位置优越，距离白宫仅两个街区，是美国总统下榻的首选之地，因而又被称为"总统之家"。该酒店还是各界名流的聚集之所，如美国作家马克·吐温，英国作家查尔斯·狄更斯，电报之父莫尔斯等，都曾造访过酒店。1963 年，

美国著名民权运动领袖马丁·路德·金也是在这里完成了他的著名演说《我有一个梦想》的演讲稿。今日，历史悠远的维拉德洲际酒店依然傲立，迎接着总统、各国领导人、外交官员及社会各界名流的到来。

林肯总统

曾来此避难?

1860 年 11 月,主张废除奴隶制的亚伯拉罕·林肯当选美国第 16 任总统。他的当选对南方种植园奴隶主的利益构成严重威胁,林肯因此遭到了暗杀威胁。为了躲避暗杀,林肯在就职典礼前秘密入住维拉德洲际酒店,一直到就职仪式前一晚。

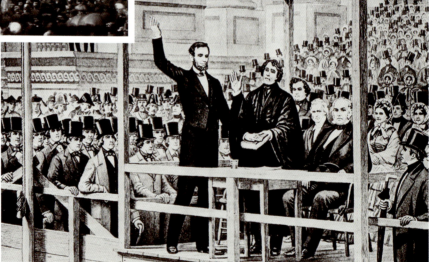

On February 23, 1861, detective[1] Allan Pinkerton smuggled[2] Abraham Lincoln into the Willard during the weeks before his inauguration[3].

1. detective /dɪ'tektɪv/ n. 侦探
2. smuggle /'smʌgl/ vt. 偷运
3. inauguration /ɪ,nɔːgjə'reɪʃn/ n. 就职典礼

酒店"上演"悬疑大片？

　　史蒂文·斯皮尔伯格（STEVEN SPIELBERG）是好莱坞 20 世纪 80 年代的四大导演之一，曾荣获奥斯卡最佳导演等多项大奖。斯皮尔伯格与演员汤姆·克鲁斯（TOM CRUISE）首次合作的作品是悬疑电影《少数派报告》。电影讲述的是在 2054 年的华盛顿特区，预测师可以预测谋杀，从而避免许多谋杀案的发生，很奇特吧。这部电影的终场曾在维拉德洲际酒店的维拉德室、孔雀巷以及厨房等地取景。

Steven Spielberg shot[1] the finale[2] of his film *Minority Report*[3] at the hotel in the summer of 2001.

1. shoot /ʃuːt/ vt. 拍摄　　　　　2. finale /fɪ'nɑːli/ n. 终场，尾声
3. *Minority Report* 少数派报告

酒店有位神秘常客？

马克·吐温是美国著名作家，其作品风格以幽默与讽刺为主，主要代表作有《百万英镑》、《哈克贝利·费恩历险记》、《汤姆索亚历险记》、《乞丐王子》等。他的幽默、机智与名气，使他拥有"美国文学史上的林肯"之美誉。马克·吐温也是维拉德洲际酒店的常客，20世纪初，他在这里完成了其两部著作。

Walt Whitman[1] mentioned[2] the hotel in his works[3]; Mark Twain penned[4] two books here in the early 1900s.

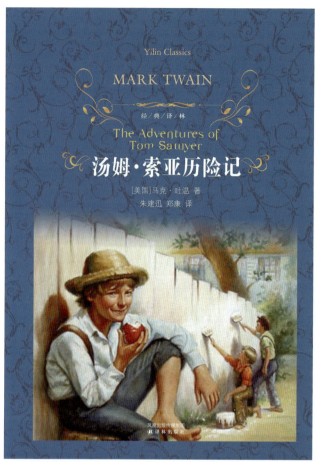

1. Walt Whitman 沃尔特·惠特曼（美国诗人）
2. mention /ˈmenʃn/ vt. 提到，谈及
3. works /wɜːks/ n. 作品
4. pen /pen/ vt. 写

奥巴马也来了？

因为维拉德洲际酒店与白宫仅隔两个街区，所以常有总统光顾。美国第一位非洲裔总统贝拉克·侯赛因·奥巴马也曾在酒店进行过募捐活动。而且在他的第44任总统就职典礼前一晚，也下榻过维拉德洲际酒店。酒店由此见证了他从募捐活动到就职晚宴的辉煌场景。

In 2009, Barack Obama, the country's first African-American[1] President, lead his inaugural[2] parade[3] past[4] the hotel.

1. African-American 非洲裔美国人
2. inaugural /ɪˈnɔːgjərəl/ *adj.* 就职的
3. parade /pəˈreɪd/ *n.* 游行
4. pass /pɑːs/ *vt.* 经过

酒店是"强取豪夺"而来的？

　　维拉德洲际酒店最初只是六栋小型屋宇，由陆军上校约翰·泰洛于 1816 年建造。酒店一直名不见经传，直到 1850 年维拉德兄弟租下酒店并把这六栋建筑改建成一栋大型建筑后才声名鹊起。1864 年，维拉德想从泰洛的儿子那里买下酒店地产，却因为购买价格跟支付方式（现金还是黄金）与其产生纠纷，闹上了法庭。最后美国最高法院调解了这一纠纷，维拉德按照原购买价用黄金买下了地产。

Since 1850, the Willard has epitomized[1] Washington luxury[2] hotels and remains[3] a destination[4] for the world's power brokers[5] and visitors drawn to the nation's capital.

1. epitomize /ɪ'pɪtəmaɪz / *vt.* 为……的代表
2. luxury /'lʌkʃəri/ *adj.* 奢侈的
3. remain /rɪ'meɪn/ *v.* 保持，维持
4. destination /ˌdestɪ'neɪʃn/ *n.* 目的地
5. broker /'brəukə(r)/ *n.* 掮客（指替人介绍买卖，从中赚取佣金的人）

不做酒店，做环保？

　　维拉德洲际酒店正采取一系列环保措施，使这家百年老店与环保事业接轨。酒店为何要高举环保大旗？酒店总经理认为这是酒店作为环保领袖之一应尽的责任。自 2007 年起，酒店除了将照明、洗浴等设施换成节能的以外，还实施了严格的垃圾分类和回收制度：从客房里的废纸到办公室的纸盒，再到厨房、餐厅里废弃的食物，都实行分类，并将可回收垃圾进行回收利用。

The Willard InterContinental Washington is a historic[1] luxury Beaux-Arts[2] hotel and is taking environmental protection[3] measures[4].

1. historic /hɪ'stɒrɪk/ *adj.* 历史上著名的　　　　2. Beaux-Arts 学院派
3. environmental protection 环保　　　　4. measure /'meʒə(r)/ *n.* 措施

Exercise 练习

下榻酒店的名人们

Celebrities Ever in the Hotel

（答案见第 117 页）

最近，维拉德洲际酒店想做宣传。工作人员制作了下面的表格，列举了一些入住过酒店的名人们，你能帮助他们补全表格的信息吗？

图片 (Picture)	姓名 (Name)	身份 (Identity)	相关事件 (Relevant Event)
A	中文名： 英文名：Steven Spielberg		
	中文名：贝拉克·奥巴马 英文名：	美国第 44 任总统	
C	中文名： 英文名：Abraham Lincoln		就职仪式前一晚秘密入住酒店以躲避刺杀
	中文名：马克·吐温 英文名：		

注重环保的百年老店
Environmental Protection （答案见第117页）

维拉德洲际酒店为环保事业做出了许多努力。酒店不仅采取了一系列的节能措施，还实施了严格的垃圾分类和回收制度。那关于垃圾分类回收，你又了解多少呢？看看下面哪些是可回收垃圾，哪些是不可回收垃圾，将它们放入相应的回收箱吧！

可回收物 Recyclable

不可回收物 Non-Recyclable

今日感悟
What I Learn Today

令你印象最深刻的是什么?
What
impress you most?

你学到了什么?
What
do you learn?

你有其他想对你的父母、老师或者朋友说的话吗?
Do you have
any other words
you want to say to
your parents
/teachers /friends?

签名:
Signature:

内部结构

1. 9　　　2. LINCOLN BEDROOM　　　3. 3

发展历史

A

4	3	8
9	5	1
2	7	6

B

6	7	2
1	5	9
8	3	4

C

2	7	6
9	5	1
4	3	8

D

4	9	2
3	5	7
8	1	6

经过一番努力后你终于弄清楚，白宫历史发展的图片顺序是：1. A　2. C　3. D　4. B

总统

托马斯·杰斐逊 Thomas Jefferson

富兰克林·德拉诺·罗斯福 Franklin D. Roosevelt

亚伯拉罕·林肯 Abraham Lincoln

1. 美国第 32 任总统、第二次世界大战中同盟国重要领导人之一。
2. 在美国经济大萧条期间推行新政、提供失业救济、成立机构改革经济和银行体系，实现了国内充分就业。

1. 美国第 16 任总统，领导了美国内战，史称"南北战争"。
2. 废除奴隶制度，颁布了《解放奴隶宣言》。
3. 发表了著名的《葛底斯堡演说》。

1. 美国第 3 任总统、《独立宣言》(THE DECLARATION OF INDEPENDENCE) 的起草者。
2. 与法国谈判购买新奥尔良和西佛罗里达，使美国领土扩大一倍。
3. 亲自筹划、建成弗吉尼亚大学，并担任该校首任校长。

壁画

1. B 2. C

油画

画作 (Works)	名字 (Name)	艺术家 (Artist)	意义 (Significance)
A	中文名：《伯格因将军投降》 英文名：Surrender of General Burgoyne	John Trumbull	美国独立战争的转折点
B	中文名：《康华里斯将军投降》 英文名：Surrender of Lord Cornwallis	John Trumbull	标志着美国独立战争的胜利
C	中文名：《独立宣言》 英文名：Declaration of Independence	John Trumbull	为美国此后 200 多年的发展奠定了思想基础
D	中文名：《乔治·华盛顿将军辞职》 英文名：General George Washington Resigning His Commission	John Trumbull	为美国政权的和平交接开创了先河

参议院与众议院

比一比：335

算一算：马萨诸塞州总人口数为：240,000
纽约州总人口数为：180,000

Chapter 3 华盛顿纪念碑

特征及建造意义

1. B   2. C

基本信息

数字密码	解密得到的单词
39 45 29	two
11 1 39 15 9 35	father
45 29 27	won
5 15 17 27 9 37 9	Chinese
37 39 29 27 9	stone

1. stone
2. Chinese
3. two
4. father
5. won

1美元与1元人民币

美元：1. A   2. A

人民币：1. 毛泽东 / 毛主席

2.

3. 蒙古族、藏族、维吾尔族、壮族

乾隆皇帝与乔治·华盛顿

	爱新觉罗·弘历	乔治·华盛顿
爸爸姓名	爱新觉罗·胤禛（雍正帝）	奥古斯汀·华盛顿
妈妈姓名	钮祜禄氏（孝圣宪皇后）	玛丽·华盛顿
职位	皇帝	总统
小伙伴	纪晓岚、和珅 / 刘墉 / 王尔烈	杰斐逊、亚当斯 / 亚历山大·汉密尔顿 / 詹姆斯·麦迪逊 / 约翰·杰伊
在位情况	清朝第 6 位皇帝	美国第 1 任总统
在位时长	60 年	8 年
重要贡献	平定大小·和卓、天准嘎尔汗国，主持纂修《四库全书》	主持制定 1787 年宪法、率领大陆军团赢得美国独立、开创主动让权的先例

113

外部结构

数一数：1. 36　2. 48
　　　数量不一样。36 根石柱代表的是林肯在世时美国的 36 个州。
　　　48 朵花饰代表的是林肯纪念堂落成时美国的 48 个州。
想一想：50 颗。都不一样。美国国旗左上角的 50 颗星代表的是美国现在的 50 个州。

与林肯相关历史事件时期的美国国旗

B. 1865-1867 (Stars：36)　　C. 1908-1912 (Stars：46)　　D. 1912-1959 (Stars：48)

1865 年，林肯 (Lincoln) 领导北方人民赢得美国内战
(American Civil War)，4 月 14 日被刺杀。　　　　　　　（B）

1860 年，林肯当选总统。　　　　　　　　　　　　　　　（A）

1922 年，林肯纪念堂 (Lincoln Memorial) 落成。　　　　　（D）

1911 年成立由前任总统塔夫脱 (Taft) 为主席的林肯纪念委员会。（C）

亚伯拉罕·林肯

C 1831 年 6 月的一天，身为水手的林肯来到南方，看到黑人奴隶和牛马一样戴着脚镣手铐被一根粗壮的绳子串在一起，奴隶主们用皮鞭毒打他们，还用烙红的铁条烙他们。

D 1860 年，主张废除奴隶制的林肯当选为美国第 16 任总统，对南方种植园奴隶主的利益构成严重威胁。1861 年 4 月，南方联盟不宣而战，南北战争即美国内战（American Civil War）爆发。

A 1863 年 1 月 1 日林肯正式签署《解放奴隶宣言》(The Emancipation Proclamation)，使得奴隶们纷纷脱离南军参加北军，扭转了北方不利战局，并使美国开始由南北分裂走向南北统一。

B 1863 年 11 月，林肯总统发表了《葛底斯堡演说》(Gettysburg Address)，提出了深入民心的"民有、民治、民享政府"(government of the people, by the people, for the people) 的口号。

基本信息　1. cent　2. dollar　3. Lincoln　4. Address　5. Civil War

O	C	P	A	U	C	I	V	I	L	D	W	R	P	L
Y	E	E	B	O	K	R	J	C	S	F	D	P	W	H
R	N	A	D	L	I	N	C	O	L	N	O	J	A	H
F	T	A	R	E	U	T	P	T	M	H	L	H	R	G
D	H	B	G	F	P	O	N	R	A	B	L	B	T	T
A	D	D	R	E	S	S	T	K	R	N	A	F	H	F
L	J	C	S	L	A	W	A	P	M	M	R	R	B	R

Chapter 5 五角大楼

世界武器之最

4 速度最快的飞机——美国猎鹰 HTV-2（Falcon HTV-2），其飞行速度为音速的 20 倍。

2 射程最远的狙击枪——美国的 M200（CheyTac M-200），其射程可达 2000 米。

5 精度最高的弹道导弹——美国的"潘兴"Ⅱ号（Pershing Ⅱ Missile），射程为 1,800 公里，圆概率误差仅 25 米。

1 最重的坦克——德国八号坦克鼠式（Panzerkampfwagen VIII Maus）超重型坦克，战斗全重 188 吨。

3 最大的核潜艇——俄罗斯台风级核潜艇（Typhoon Class Nuclear Submarine），长 171.5 米，排水量为 26,500 吨。

美中舰载机 F-35 与歼-15

1、2009   2、J-15；3,500 公里；2,200 多公里   3、F-35

Chapter 6 美国国家自然历史博物馆

博物馆寻宝

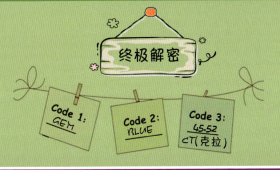

终极解密

Code 1: GEM

Code 2: BLUE

Code 3: 45.52 CT(克拉)

我知道答案啦！世纪怪盗想要盗取的宝物就是 Hope Diamond/"希望"蓝钻石/希望之星

展品

名称：蓝鲸（Blue Whale）　　栖息地：北美洲（South Africa）
名称：老虎（Tiger）　　食物：肉类（Meat）

参观日志

三只老虎（three tigers）改为：两只母狮（two lioness）
哺乳动物展示厅（Hall of Insect）改为：（Hall of Mammal）
屋顶（the roof）改为：树上（the tree）

Chapter 7 美国国家航空航天博物馆

航空与航天　B

历史上重要的飞行器

3　第一次飞跃大西洋的圣路易斯精神号（SPIRIT OF ST.LOUIS）。
5　第一架依靠自身动力进行载人飞行的飞机——飞行者 1 号（WRIGHT FLYER 1）。
2　第一架突破音速的飞机——橘红色的贝尔 X-1 号（BELL X-1）
1　人类第一颗人造地球卫星——斯普特尼克 1 号（SPUTNIK 1）。
4　完成人类首次登月任务的阿波罗 11 号指令舱（APOLLO 11 COMMAND MODULE）。

航空航天大事记

1、加加林（Gagarin）
3、美国（The United States）
2、苏联（The Soviet Union）
4、查尔斯·林德伯格（Charles Lindbergh）

航空航天先驱

韦纳·冯·布劳恩
Wernher Von Braun
1912 年—1977 年

第一个踏上月球的宇航员，当时他说出了广为流传的经典名言："这是我个人迈出的一小步，但却是人类迈出的一大步。"

莱特兄弟 Wright Brothers
1867 年—1912 年
1871 年—1948 年

美国著名火箭专家，曾是 V1 和 V2 火箭的总设计师。他领导研制的"土星 5 号"运载火箭将第一艘载人登月飞船阿波罗 11 号送上了月球。

尼尔·奥尔登·阿姆斯特朗
Neil Alden Armstrong
1930 年—2012 年

人类历史上第一架动力飞机"飞行者一号"的设计者，为开创现代航空事业做出了不朽的贡献。

场馆

1. B 2. A 3. B

约翰·菲茨杰拉德·肯尼迪

1. Harvard 2. naval 3. idol
4. nuclear 5. peaceful

S	Y	U	G	R	E	A	T	E	P	T
U	A	O	S	T	R	E	M	A	E	N
P	B	N	U	C	L	E	A	R	A	A
R	N	M	G	N	I	P	H	J	C	K
I	D	O	L	A	G	L	I	M	E	L
B	P	G	B	U	R	E	N	E	F	I
H	A	R	V	A	R	D	S	M	U	F
S	T	U	C	L	A	R	D	T	L	E

Chapter 9 维拉德华盛顿洲际酒店

下榻酒店的名人们

图片 (Picture)	姓名 (Name)	身份 (Identity)	相关事件 (Relevant Event)
A	中文名：斯蒂芬·斯皮尔伯格 英文名：Steven Spielberg	美国导演	他拍摄的电影《少数派报告》的终场在酒店取景
D	中文名：贝拉克·奥巴马 英文名：Barack Obama	美国第 44 任总统	在酒店进行募捐活动
C	中文名：亚伯拉罕·林肯 英文名：Abraham Lincoln	美国第 16 任总统	就职仪式前秘密入住酒店躲避刺杀
B	中文名：马克·吐温 英文名：Mark Twain	美国作家	在酒店完成了两部著作

注重环保的百年老店

可回收：1、5、7、8   不可回收：2、3、4、6

WORD INDEX 单词附录

inscription /ɪnˈskrɪpʃn/ n. 题词，铭文

insect /ˈɪnsekt/ n. 昆虫

interests /ˈɪntrəsts/ n. 利益（常作复数）

issue /ˈɪʃuː/ vt. 发布，颁布

jewelry /ˈdʒuːəlri/ n. 珠宝

key /kiː/ adj. 关键的

land /lænd/ vt. 使着陆

launch /lɔːntʃ/ vt. 发起，发动

leader /ˈliːdə(r)/ n. 领导者

legislation /ˌledʒɪsˈleɪʃn/ n. 立法

level /ˈlevl/ n.（建筑物的）层

lobby /ˈlɒbi/ n. 大厅

locate /ləʊˈkeɪt/ vt. 位于

luxury /ˈlʌkʃəri/ adj. 奢侈的

main /meɪn/ adj. 最重要的，主要的

major /ˈmeɪdʒə(r)/ adj. 主要的

manned /mænd/ adj. 载人的

mansion /ˈmænʃn/ n. 宅邸

marble /ˈmɑːbl/ n. 大理石

mask /mɑːsk/ vt. 掩饰

measure /ˈmeʒə(r)/ n. 措施

mention /ˈmenʃn/ vt. 提到，谈及

meteorite /ˈmiːtiəraɪt/ n. 陨石

metonym /ˈmetənɪm/ n. 换喻词

milestone /ˈmaɪlstəʊn/ n. 里程碑

mineral /ˈmɪnərəl/ n. 矿物

modern /ˈmɒdn/ adj. 现代的

moment /ˈməʊmənt/ n. 重要时刻

monoplane /ˈmɒnəpleɪn/ n. 单翼机

monument /ˈmɒnjumənt/ n. 纪念碑

murder /ˈmɜːdə(r)/ vt. 谋杀，凶杀

notable /ˈnəʊtəbl/ adj. 著名的

obelisk /ˈɒbəlɪsk/ n. 方尖碑，方尖塔

occupy /ˈɒkjupaɪ/ vt. 占用，占据

official /əˈfɪʃl/ adj. 官方的

origin /ˈɒrɪdʒɪn/ n. 起源，出身

original /əˈrɪdʒənl/ adj. 原始的，最初的

originally /əˈrɪdʒənəli/ adv. 原本，起初

originate /əˈrɪdʒɪneɪt/ vt. 发起

outer /ˈaʊtə(r)/ adj. 外部的

parade /pəˈreɪd/ n. 游行

partially /ˈpɑːʃəli/ adv. 部分地

particularly /pəˈtɪkjələli/ adv. 特别地，尤其是

pass /pɑːs/ vt. 经过

pen /pen/ vt. 写

pentagon /ˈpentəgən/ n. 五边形；五角大楼

plantation /plɑːnˈteɪʃn/ n. 种植园，大农场

policy /ˈpɒləsi/ n. 政策

preside /prɪˈzaɪd/ vi. 主持

president /ˈprezɪdənt/ n. 总统

prestige /preˈstiːʒ/ n. 威望，声誉

principal /ˈprɪnsəp(ə)l/ adj. 主要的

propose /prəˈpəʊz/ vt. 提出

protest /ˈprəʊtest/ n. 抗议

pursue /pəˈsjuː/ vt. 追求，贯彻

rebuilding /ˌriːˈbɪldɪŋ/ n. 重建

recognition /ˌrekəgˈnɪʃn/ n. 赞赏，赞誉

remain /rɪˈmeɪn/ v. 保持，维持

rename /ˌriːˈneɪm/ vt. 给……重新命名

renovation /ˌrenəˈveɪʃn/ n. 整修

replica /ˈreplɪkə/ n. 复制品

Republican /rɪˈpʌblɪkən/ adj. 共和党的

require /rɪˈkwaɪə(r)/ vt. 要求

residence /ˈrezɪdəns/ n. 住宅，住处

responsible /rɪˈspɒnsəbl/ adj. 负责的

resume /rɪˈzjuːm/ vt. 重新开始，继续

revenue /ˈrevənjuː/ n. 税收

satellite /ˈsætəlaɪt/ n. 卫星

sculpture /ˈskʌlptʃə(r)/ n. 雕塑

serving /ˈsɜːvɪŋ/ adj. 任职的

setting /ˈsetɪŋ/ n. 镶嵌式样

shading /ˈʃeɪdɪŋ/ n. 底纹

shape /ʃeɪp/ vt. 形成

shoot /ʃuːt/ vt. 拍摄

sign /saɪn/ vt. 签署

site /saɪt/ n. 场所，地点

slavery /ˈsleɪvəri/ n. 奴隶制度

smuggle /ˈsmʌgl/ vt. 偷运

sniper /ˈsnaɪpə(r)/ n. 狙击手

solicit /səˈlɪsɪt/ vt. 征求，招揽

solo /ˈsəʊləʊ/ adv. 单独地

space /speɪs/ n. 空间，太空

spacecraft /ˈspeɪskrɑːft/ n. 航天器

specimen /ˈspesɪmən/ n. 标本

speed /spiːd/ n. 速度

spirit /ˈspɪrɪt/ n. 精神

square /skweə(r)/ adj. 平方的

stage /steɪdʒ/ vt. 举办

standard /ˈstændəd/ n. 标准

strategy /ˈstrætədʒi/ n. 战略，策略

structure /ˈstrʌktʃə(r)/ n. 建筑

subsequently /ˈsʌbsɪkwəntli/ adv. 随后

suffer /ˈsʌfə(r)/ vt. 遭受

superpower /ˈsuːpəpaʊə(r)/ n. 超级大国

symbol /ˈsɪmbl/ n. 象征，标志

term /tɜːm/ n. 术语、名词

theater /ˈθɪətə(r)/ n. 剧院

therefore /ˈðeəfɔː(r)/ adv. 因此

title /ˈtaɪtl/ n. 头衔

total /ˈtəʊtl/ vt. 总数达

transform /trænsˈfɔːm/ vt. 使改变

travel /ˈtrævl/ vi. 旅行

undergo /ˌʌndəˈgəʊ/ vt. 经历

victory /ˈvɪktəri/ n. 胜利，成功

visible /ˈvɪzəbl/ adj. 可见的，明显的

work /wɜːk/ n. 作品

workplace /ˈwɜːkpleɪs/ n. 工作场所

成长足迹
Growing Footprint

从本书中你学到了什么？

What do you learn from the book?

你有哪些能力提高了？

What abilities do you upgrade?

你有其他想对你的父母、老师或者朋友说的话吗？

Do you have any other words you want to say to your parents /teachers /friends?

签名：
Signature：

成长足迹
Growing Footprint

签名：
Signature：

成长足迹
Growing Footprint

签名：
Signature：

读石油版书，获亲情馈赠
《没有我不知道的美国　华盛顿篇》意见反馈卡

　　亲爱的读者朋友，首先感谢您阅读我社图书，请您在阅读完本书后填写以下信息。我社将长期开展"读石油版书，获亲情馈赠"活动，凡是关注我社图书并认真填写读者信息反馈卡的朋友都有机会获得亲情馈赠，我们将定期从信息反馈卡中评选出有价值的意见和建议，并为填写这些信息的朋友免费赠送一本好书。

1. 您购买本书的动因：书名、封面吸引人□ 内容吸引人□ 版式设计吸引人□
2. 您认为本书的内容：很好□ 较好□ 一般□ 较差□
3. 您认为本书在哪些方面存在缺陷：内容□ 封面□ 装帧设计□
4. 您认为本书的定价：较高□ 适中□ 偏低□
5. 您认为本书最好应附送：MP3□ CD□ 磁带□ 其他_____
6. 您还读过哪些英语课外书？_____
   _____
7. 您对本书有哪些不满意之处？
   _____
8. 您还需要哪些英语课外读物？
   _____
9. 您在何处哪个书店购买的本书？
   _____
10. 您对本书的综合评价：
    _____

您的联系方式：
　　姓名 _____　　邮政编码 _____
　　地址 _____
　　单位 _____　　电 话 _____
　　手机 _____　　E-mail _____

回信请寄：北京，朝阳区，安华西里三区18号楼，石油工业出版社综合楼，1001室
　　　　　尹璐 (收)

邮政编码：100011
电子信箱：yinlu007@cnpc.com.cn　　（复印有效）

图书在版编目（CIP）数据

没有我不知道的美国. 华盛顿篇：汉、英 / 江涛，王丽丽，肖敏主编.
北京：石油工业出版社，2016.7
（江涛英语）
ISBN 978-7-5183-1331-0

Ⅰ. 没…
Ⅱ. ①江… ②王… ③肖…
Ⅲ. ①英语–青少年读物 ②旅游指南–华盛顿–青少年读物
Ⅳ. H319.4：K

中国版本图书馆CIP数据核字（2016）第133244号

没有我不知道的美国　华盛顿篇
主编　江涛　王丽丽　肖敏

出版发行：石油工业出版社
　　　　　（北京安定门外安华里2区1号　100011）
网　　　址：www.petropub.com
编 辑 部：(010) 64251389　图书营销中心：(010) 64523633
经　　销：全国新华书店
印　　刷：北京中石油彩色印刷有限责任公司

2016年7月第1版　2016年7月第1次印刷
787×1092毫米　开本：1/16　印张：8.75
字数：150千字

定　价：39.80元
（如发现印装质量问题，我社图书营销中心负责调换）